# 2026 경제大전망

## 혼돈과 기회

# CONTENTS

# CHAPTER 4

# CHAPTER 5

# PROLOGUE

# 재편되는 세계 경제, 방향을 설계하는 자의 시간

불확실성은 위기가 아니라 전략의 무대

안민구 이코노미스트 산업부장

**세계 경제는 여전히 짙은 안개 속 항로를 찾아가는 거대한 선단과 같다.** 코로나19 팬데믹(대유행) 이후 회복이라는 등대가 잠시 보이는 듯했지만, 2024~2025년을 거치며 그 불빛은 다시 흐려졌다. ▲공급망 재편 ▲금리·물가 조정 지연 ▲지정학적 갈등이라는 구조적 파고가 잔잔해질 기미를 보이지 않고 있기 때문이다. 인플레이션은 완전히 해소되지 않았고, 주요국 중앙은행들은 금융 안정과 성장 회복 사이에서 정책적 균형을 모색하고 있으나, 그 속도와 깊이는 제한적이다. 이에 2026년의 경제 환경은 안정적 확장 국면이 아니라, 균형 조정과 전략적 재편의 시기로 이해할 필요가 있다.

[이코노미스트]가 국내외 경제·금융 전문가 30명을 대상으로 실시한 설문 조사 결과는 이러한 흐름을 명확히 뒷받침한다. 응답자의 40%는 2026년 세계 경기 수준이 '2025년과 유사한 수준'에 머물 것으로 전망했으며, 43%는 '다소 악화할 것'으로 응답했다.

반면 '개선될 것'이라는 응답은 13%에 불과했다. 이는 세계 경기 회복의 근본 동력이 충분하지 않으며, 정책 대응·산업 투자·공급망 전략 조정이 경기의 향방을 결정할 핵심 요인으로 부상하고 있음을 의미한다.

특히 미국은 도널드 트럼프 2기 정부 출범 이후 관세라는 '창'을 넘어서, 반도체·배터리·전기차·인공지능(AI) 인프라 등 전략 산업의 '성벽'을 직접 쌓는 방식으로 공급망을 재편하고 있다. 미국 내로의 생산기지 회귀와 고용 확대를 추구하는 이러한 정책은 세계적으로는 무역 비용 상승과 기술 블록화 심화, 수출 의존 국가의 성장 제약이라는 구조적 파급 효과를 초래하고 있다.

중국은 부동산 시장 조정과 글로벌 수요 둔화, 기술 제약 압력 등에 직면하면서 성장의 속도보다는 안정과 구조 전환에 방점을 두고 있다. '고속 성장'에서 '완만한 성장 조정'으로의 흐름은 이미 기정사실로 받아들여지고 있다.

유럽은 높은 에너지 비용과 제조 경쟁력 약화라는 제약 속에서도, 지속 가능성·환경 규제·데이터 주권 등 표준과 규칙을 선도하는 '룰메이커(규칙을 만드는 자) 전략'을 통해 장기 경쟁력 확보를 모색하고 있다. 일본은 임금 상승과 소비 회복이 경기 회복을 받치고 있으나, 중장기적 성장 잠재력 강화를 위한 생산성 제고가 여전히 과제로 남아 있다.

설문 응답자 다수는 2026년 미·중 관계가 갈등 완화나 격화가 아닌, 긴장과 협상이 반복되는 '관리되는 갈등' 체제로 이어질 것으로 응답했다. 러시아-우크라이나 전쟁과 중동 지역 불안 역시 쉽게 해소되기 어렵다는 의견이 우세했다. 이러한 지정학적 불확실성은 2026년에도 ▲원자재 가격 및 운송 비용 증가 ▲무역 구조 변화 ▲외환·금융 시장 변동성 등으로 이어지며 세계 경제 전반의 안정성에 영향을 미칠 것이다.

전문가의 80%는 2026년 한국 경제 성장률이 1.5~2.5% 범위에 머물 것이라고 예상했다. 이 가운데 1.5~2.0% 구간과 2.0~2.5% 구간이 각각 40%씩을 차지해 전망이 비등했다. 반면 2.5% 이상 성장할 것이라는 응답은 13%에 그쳤고, 1.5% 미만이라고 답한 전문가는 3%에 불과했다.

내수는 여전히 완만한 흐름을 보일 것으로 예상되나, 반도체·자동차·배터리 등 수출 제조업이 성장의 핵심 동력으로 작동할 것으로 보인다. 다만 ▲미국의 공급망 내재화 ▲중국의 기술 자급 전략 ▲일본의 기술 재부상은 한국 기업에 공급망 전략 재설계·생산 거점 다변화·기술 자립 강화를 요구한다.

2026년 한국은행의 통화 정책은 급격한 방향 전환보다는 신중한 완급 조절에 무게가 실릴 전망이다. 전문가 30명 설문 기준 기준금리 ▲동결 전망은 36.7% ▲한 차례 인하 가능성은 40% ▲두 차례 이상 인하 가능성은 13.3%였다. 점진적 인하는 가능하겠지만, 속도는 매우 제한적일 것으로 분석된다.

한국은행은 물가 안정과 성장 둔화 사이에서 균형을 택할 수밖에 없으며, 환율과 부동산 시장이 금리 결정의 핵심 변수로 작동할 전망이다. 과도한 인하는 원화 약세와 외국인 자금 유출 압력을 자극할

## 2026년 국내외 경기 전망 설문 조사 결과(경제 전문가 30人)    (단위:%)

**2025년과 비교해 2026년 글로벌 경기 전망은?**

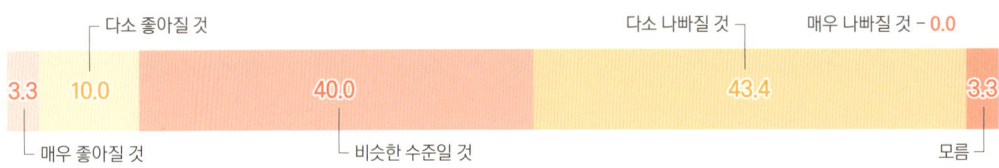

다소 좋아질 것
다소 나빠질 것 ㄱ        매우 나빠질 것 - 0.0

3.3  10.0        40.0                43.4            3.3

매우 좋아질 것        비슷한 수준일 것                모름

**한국의 경제 성장률 전망은?**

1.5% 이상 ~ 2.0% 미만            2.5% 이상 ~ 3.0% 미만        모름

3.3        40.0                40.0            10.1   3.3 3.3

1.5% 미만        2.0% 이상 ~ 2.5% 미만        3.0% 이상

**한국의 수출 경쟁력 전망은?**

올해와 비슷한 수준일 것                모름

36.7                43.3                16.7        3.3

커질 것                작아질 것

수 있고, 금리 동결 유지가 길어질 경우 가계 이자 부담과 내수 둔화를 심화할 수 있다. 2026년 통화 정책 환경은 좁은 결정의 폭 속에서 진행될 가능성이 높다.

부동산 시장은 급등과 급락 모두 제한된 '완만한 조정의 해'로 전망된다. 전문가 33%는 완만한 상승을 예상했고, 23%는 가격 정체 국면을 예상했다. '수도권 상승 vs 지방 하락'의 양극화 전망은 16.7%로, 지역별 가격 격차 확대가 불가피할 것으로 보인다. 서울·수도권 핵심지는 학군·교통·산업 일자리 수요가 집중되는 구조 속에서 탄력적인 회복세를 보이겠지만, 지방 외곽과 인구 감소 지역은 수요 위축과 거래 부진 압력이 더 깊어질 것으로 전망된다. 완만한 하락을 예상한 의견은 10% 수준에 머물렀다.

기회 또한 분명히 존재한다. AI·클라우드·첨단 모듈형 반도체·차세대 배터리·방위 산업·로봇·K-헬스케어(건강 관리) 분야는 한국이 글로벌 경쟁 속에서 기술 기반 우위를 확보할 수 있는 전략 분야다.

**2026년 국내외 경기 전망 설문 조사 결과(경제 전문가 30人)** (단위:%)

**부동산 시장 가격 전망은?**

완만한 상승세를 보일 것 — 33.3
정체기에 접어들 것 — 23.3
완만한 하락세를 보일 것 — 10.0 / 16.7
모름 — 16.7
올해만큼 상승할 것 – 0.0
수도권은 상승, 지방은 하락 등 양극화가 심화할 것 —

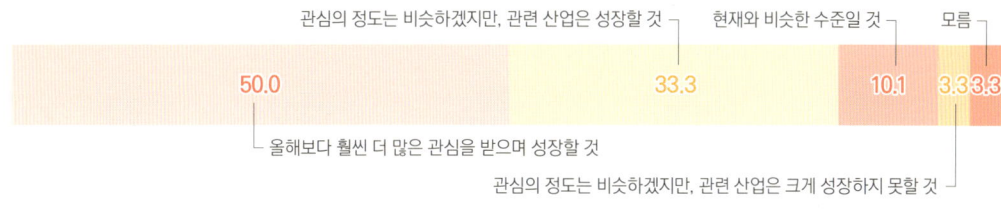

**인공지능(AI) 관련 산업 전망은?**

올해보다 훨씬 더 많은 관심을 받으며 성장할 것 — 50.0
관심의 정도는 비슷하겠지만, 관련 산업은 성장할 것 — 33.3
현재와 비슷한 수준일 것 — 10.1
관심의 정도는 비슷하겠지만, 관련 산업은 크게 성장하지 못할 것 — 3.3
모름 — 3.3
관심도 줄어들고 관련 산업 역시 성장하지 못할 것 – 0.0

특히 전문가의 83%는 2026년 한국 AI 산업이 '유행 단계'를 넘어 '실질적 산업 확장' 단계로 진입할 것으로 내다봤다. AI가 반도체·자동화·로봇·클라우드와 결합하며 산업 전반의 구조 변화를 촉진할 가능성이 매우 크다.

프리미엄 경제지 [이코노미스트]는 이러한 거대한 변화의 흐름 속에서 ▲개인 ▲기업 ▲정책 결정자가 나아갈 방향을 제시하고자 '2026 경제大전망'을 발간한다. CHAPTER 1에서는 미국·중국·유럽·일본의 경제 전략 변화를 구조적으로 분석한다. CHAPTER 2에서는 지정학 리스크, AI 산업 전환, 에너지·기후 전략 등 2026년을 움직일 핵심 변수를 짚는다. CHAPTER 3에서는 한국의 성장률·수출 체력·친노동 정책 등이 불러올 한국 경제의 변화를 면밀히 다룬다. CHAPTER 4에서는 반도체·자동차·배터리·방산·금융·유통 등 한국 주요 산업의 전환 포인트를 제시한다. CHAPTER 5에서는 불확실성 시대의 자산 전략과 부동산 투자 전략을 제안한다.

우리는 지금 변화의 끝을 바라보는 것이 아니라, 새로운 경제 질서가 형성되는 한가운데에 서 있다. 불확실성은 회피의 대상이 아니라, 이해하고 활용해야 할 구조가 됐다. 이 책이 혼란의 시대 속에서 방향을 찾는 이들에게 가장 정확한 나침반이 되기를 바란다. **E**

# 세계 경제 흐름과 전망

# CHAPTER 1

## CHAPTER I   세계 경제 흐름과 전망

# 미국 경제의 진짜 시험은 지금부터

트럼프 시대 2년 차, 정책 실험의 결과 가시화되는 전환점
단기 성장과 중기 불확실성이 공존하는 국면

**박양수**
대한상공회의소 지속성장이니셔티브(SGI) 원장

❝

결국 2026년 미국 경제는 완만한 성장세를 이어가되,
그 이면에는 높은 불확실성과 구조적 리스크가 공존할 것이다.
관세 정책·AI의 실질적 성과·노동시장 제약 완화 여부가
미국 경제의 지속 가능성과 글로벌 경기의 향방을 가를 것이다.

도널드 트럼프 미국 대통령. [사진 AFP/연합뉴스]

**트럼프 2기 행정부 출범 직후 주요 전망기관들은 세계와 미국 경제에 대해 일제히 비관적인 견해를 내놓았다.** 미국의 상호관세 부과 정책과 그에 따른 정책 불확실성이 주요 원인으로 꼽힌다. 관세는 수입국에는 공급망 충격, 수출국에는 수요 충격으로 작용해 교역과 생산을 위축시키고, 인플레이션을 자극해 연방준비제도의 금리 인하 여력을 제한한다. 또한 정책 불확실성은 기업과 소비자의 의사 결정을 지연시키며 경기 둔화를 초래한다.

그러나 2025년 미국 경제는 당초 우려와 달리 비교적 완만한 성장세를 유지했다. 실효관세율이 8월 말 기준 19% 정도로 1930년대 이후 최고 수준에 근접했지만, 초기 예상보다는 상승 폭이 제한적이었다. ▲감세와 재정지출 확대를 담은 '하나의 크고 아름다운 법안'(One Big Beautiful Bill Act·OBBBA) 통과 ▲완화적 통화정책 기조 유지 ▲인공지능(AI)·반도체·첨단 제조 등 전략산업에 대한 민간 투자 확대가 성장세를 지탱했다. 이에 국제통화기금(IMF)은 2025년 미국의 국내총생산(GDP) 성장률 전망치를 4월 1.8%에서 10월 2.0%로 상향 조정했다.

인플레이션 압력도 우려보다 완화된 모습을 보였다. 수입업체와 제조업체가 관세 부과에 대비해 미리 재고를 확보하는 '프런트로딩'(front-loading) 전략을 구사하면서 공급망 차질이 크지 않았고, 원자재·물류비 상승분을 기업이 흡수해 소비자 가격으로의 전가는 제한적이었다. IMF는 2025년 소비자물가 상승률 전망을 3.0%(4월)에서 2.7%(10월)로 하향 조정했다.

## 관세 재판·중간선거···경제 흐름의 변수로

2026년 미국 경제의 향방은 여전히 불투명하다. ▲관세 관련 대법원 판결 ▲중간선거 ▲미중 패권 경쟁 ▲이민 정책 ▲인공지능(AI) 투자 성과 ▲재정건전성 ▲금융시장 변동성 등 다양한 요인이 맞물려 있기 때문이다.

무엇보다 주목되는 것은 트럼프 행정부가 비상경제권법(IEEPA)을 근거로 부과한 관세의 합헌 여부를 가리는 대법원 판결이다. 판결 결과에 따라 행정부의 통상정책 추진 여력과 속도가 크게 달라질 수 있다. 또 2026년 중간선거를 앞두고 경기 둔화나 물가 급등이 발생할 경우, 트럼프 행정부가 관세 강도를 완화하거나 시행 시점을 조정할 가능성도 있다.

미중 간 패권 경쟁 역시 구조적 변수다. 양국 간 긴장이 완화와 격화를 반복하면서 ▲관세·비관세 장벽 ▲기술 통제 ▲외국인 투자 제한 등이 강화와 완화를 되풀이할 가능성이 크다. 트럼프 대통령은 동맹국에 대해서도 강경한 무역 압박을 유지할 것으로 보여 외교적 긴장과 상호보복의 악순환이 경제 정책의 예측 가능성을 떨어뜨리고 실물경제에 부담을 줄 수 있다.

## 관세 가격 전가·이민 정책·AI 효과도 주목

관세 인상이 물가에 얼마나 전가될지는 경제의 단기 경로를 결정할 핵심 변수다. 현재까지는 기업들이 원가 상승을 흡수해 인플레이션 압력이 제한적이었지만, 이미 내구재 및 제조업 투입재의 가격이 상승하고 있고, 시간이 지날수록 소비자물가에 반영 정도가 커질 전망이다. 여기에 원자재 가격 상승과 극단적 기후 현상이 겹치면 기대 인플레이션이 높아지고, 이는 연준의 통화 정책 경로에도 영향을 줄 것이다.

이민 정책도 경제의 또 다른 제약 요인이다. 트럼프 행정부의 강경한 이민 규제로 노동공급이 줄어 제조업과 서비스업 전반에서 인력난이 심화하고 있다. 이는 임금 상승과 생산 둔화를 동시에 유발하는 구조적 제약이다. 특히 고숙련 이민자의 감소는 첨단산업 혁신 역량을 약화해 중장기 성장 잠재력을 훼손할 우려도 있다.

미국 조지아주 서배너 엘라벨에 위치한 '현대차그룹 메타플랜트 아메리카'에서 직원이 차량을 살펴보고 있다. [사진 연합뉴스]

　　AI 투자는 2026년 미국 경제의 향방을 좌우할 매우 중요한 요소다. IMF는 미국 경제가 현재 '생산 확대'(producing)와 '가격 재조정'(repricing)의 기로에 서 있다고 진단했다. AI 투자 확대가 생산성 향상과 효율적 자원 배분으로 이어질 경우, 기업 경쟁력 제고와 산업 전반의 디지털 전환이 가속화되면서 성장의 상방 위험(upside risk)이 커질 수 있다.

　　반면 투자 과열이 현실적 성과로 이어지지 않으면 기술주 조정과 금융시장 불안이 확대될 수 있다. 특히 자본이 일부 대형 정보기술(IT)기업에 집중되는 '자본 편중'(capital mis-allocation)이 심화할 경우 실물경제에 부정적 영향을 미치게 될 것이다.

## 재정과 금융 부문의 리스크도 관심

재정 정책은 단기적으로는 경기 부양에 기여하지만, 중장기적으로는 재정건전성을 악화시킬 가능성이 크다. GDP 대비 정부 부채 비중이 이미 높은 상황에서 국채금리가 상승하면 이자 부담이 커지고, 시장 금리 상승으로 민간의 투자와 소비도 위축될 수 있다. 미국 정부의 '재정지속성'(fiscal sustainability)에 대한 우려는 글로벌 금융시장 불안을 자극할 가능성도 있다.

　비전통적 자산의 변동성 확대도 새로운 위험 요인으로 꼽힌다. 가상자산 가격의 급등락은 가계와 기업의 재무건전성에 직접적인 영향을 미친다. 특히 스테이블코인의 급성장은 달러의 디지털 대체 현상을 확대할 수 있다. 만약 특정 코인에서 대규모 인출 사태가 발생하면, 이를 뒷받침하는 국채나 예금 시장이 불안해지고, 금융 시스템 전반으로 위험이 확산할 수 있다. 금융당국의 규제 체계 정비가 늦어질 경우, 이러한 리스크는 실물경제까지 파급될 수 있다.

　전망기관들은 2026년 미국 경제가 금년과 비슷하거나 다소 낮은 성장률을 보일 것으로 본다. 관세 인상의 파급 효과가 본격화되고 정책 불확실성이 누적되면서 ▲글로벌 교역 ▲소비 ▲투자가 모두 위

도널드 트럼프 미국 대통령이 2025년 2월 미국 워싱턴 백악관 집무실에서 알루미늄 수입품에 대한 관세에 관한 서명된 행정명령을 들고 있다. [사진 로이터/연합뉴스]

축될 가능성이 크기 때문이다. IMF는 2026년 성장률이 2.1%, 경제협력개발기구(OECD)는 1.5%로 전망한다. IMF는 소비자물가 상승률을 2025년 2.7%에서 2026년 2.4%로 낮아질 것으로 예상한다.

## 낮은 성장, 높은 불확실성

전망의 편차가 이렇게 큰 것은 앞서 언급한 요인들이 어떤 방향으로 전개되느냐에 따라 상하방 리스크가 모두 존재하기 때문이다. 관세의 가격 전가가 낮고 AI 투자의 성과가 가시화되며 노동시장 제약이 완화된다면 성장률은 2% 중반까지 확대될 수 있다. 반대로 관세가 인플레이션을 자극하고 소비가 위축되며 금융시장 조정이 발생할 경우, 성장률이 1%대로 하락할 가능성도 배제하기 어렵다.

연준의 통화 정책도 이러한 불확실성을 반영한다. 트럼프 대통령의 금리 인하 압력이 높지만, 연준은 물가와 성장 리스크를 동시에 고려해야 하는 복잡한 상황에 직면해 있다. 연준 연방공개시장위원회(FOMC) 위원들이 예상하는 기준금리 중간값은 2025년 말 3.625%에서 2026년 말 3.375%로, 2026년 중 단 한 차례의 금리 인하만을 시사한다. 이는 관세·재정 정책 등 정책 불확실성 누적 속에서 연준이 신중한 스탠스를 유지하고 있음을 보여준다. 글로벌 금융시장 역시 미국의 정책 경로에 민감하게 반응하며, 향후 신흥국 자본흐름과 환율 안정성에도 영향을 미칠 전망이다.

결국 2026년 미국 경제는 완만한 성장세를 이어가되, 그 이면에는 높은 불확실성과 구조적 리스크가 공존할 것이다. ▲관세 정책 ▲AI의 실질적 성과 ▲노동시장 제약 완화 여부가 미국 경제의 지속 가능성과 글로벌 경기의 향방을 가를 것이다. **E**

# CHAPTER 1 세계 경제 흐름과 전망

# 중국 경제 '질적 도약'의 해가 온다

2026년 15차 5개년 계획 본격화
기술 혁명·제조업 부활·증시 반등 기대

**전병서**
중국경제금융연구소장

외부 리스크와 내부 구조조정의 고통은 여전하겠지만,
중국은 단순한 '세계의 공장'을 넘어
'세계의 기술 허브'로 도약하려는 포석을 이미 깔아 놓았다.
이 전환의 성패는 중국과 향후 10년 글로벌 경제의
판도를 변화시킬 것이다.

시진핑 중국 국가주석이 중국 전승절 80주년 기념행사를 진행하고 있다. [사진 연합뉴스]

**2026년은 중국의 '15차 5개년 계획'(15.5계획)이 본격 시작되는 해다.** 이는 단순히 경제 성장률 목표의 연장이 아니라, 성장 모델의 근본적 전환점이다. 2025년 10월에 열린 20기 중앙위원회 제4차 전체회의(4중전회)를 통해 확정된 15.5계획은 '고질량(高質量) 발전'과 '과학기술 자립자강'을 핵심 축으로 한다. 2035년까지 인당 소득을 2020년 대비 2배 수준으로 끌어올리는 중국의 장기 목표를 재확인하는 계기가 됐다.

## 美와 갈등 中 '기술로 관세를 이겨라'

이를 달성하려면 향후 10년간 연평균 4.5% 이상, 전반 5년은 4.7% 이상의 성장이 필요하다. 특히 초기 단계인 2026년에는 시장의 기대 심리 안정과 정책 신뢰도 확보를 위해 5% 전후의 성장률 목표를 유지해야 한다. 이는 단순한 수치가 아니라, 2027년 시진핑 4기 출범을 앞둔 새로운 5년의 시작을 알리는

중국 베이징의 톈안먼 광장. [사진 연합뉴스]

정치·전략적 신호다. 핵심은 성장률이 아닌 성장의 질이다. 중국의 국내총생산(GDP)이 5% 성장하면, 2
년마다 한국 전체 GDP 규모의 경제가 하나씩 탄생한다. 이처럼 거대한 경제체가 단순한 양적 확대에
머무를 수는 없다.

4중전회는 '고질량 발전'을 첫 번째 목표로 제시하며 성장의 질적 전환을 선언했다. 이는 부동산과
지방정부 부채에 의존하던 과거 성장 패러다임을 넘어 '신질생산력'을 중심으로 한 기술 혁명 시대를
열겠다는 의지의 표현이다.

'신질생산력'은 기존 방식이 아닌 과학기술 혁신으로 만드는 새로운 생산 방식을 말한다. 일례로 과
거에는 소와 쟁기로 밭을 갈아 농사를 지었다면, 지금은 드론·스마트팜·유전자 기술로 개량된 씨앗을
써서 훨씬 더 잘 재배하는 것이다.

즉, 같은 땅에서 더 많은 수확을 내는 완전히 새로운 방식을 말한다. 이렇게 기술이 바꿔 놓은 생산

방식 자체를 중국은 신질생산력이라고 부른다.

이런 전환은 미중 갈등이라는 외부 압력과 맞물려 더욱 가속화되고 있다. 미국의 관세 압박과 기술 수출 통제가 지속되는 상황에서 중국은 단순한 보복이 아닌 전략적 대응을 선택하고 있다. '관세전쟁' 을 '기술전쟁'으로 승화시키며 관세를 뛰어넘는 생산성 향상을 목표로 한다.

이를 위한 핵심 전략이 바로 신질생산력 육성과 '다크팩토리'(黑灯工厂) 구축이다. 인공지능(AI)과 자동화 기술을 적용해 조명 없이도 돌아가는 무인 공장으로, 인건비 리스크를 제거하고 생산성을 극대 화하는 것이다. 더불어 '반내권'(反內卷) 정책을 통해 지방정부 주도의 과잉 투자와 과당 경쟁을 억제하 며, 산업 구조의 질적 고도화를 추진한다.

중국의 가장 큰 전략적 자산은 'AI+제조업'의 융합이다. 미국은 AI 기술력에서 앞서지만, 제조업 기 반은 약화한 상황이다. 반면 중국은 세계 최대의 제조업 기반을 보유, 여기에 방대한 산업 데이터와 AI 기술을 결합해 생산성 향상을 추구한다. 'AI+제조'는 단순한 자동화를 넘어 설계·생산·품질관리 전 과 정의 지능화를 의미한다. 이는 중국이 '제조 강국' 지위를 유지하면서 동시에 '기술 강국'으로 도약할 수 있는 유일한 경로다. 15.5계획은 이 융합을 전략적 과제로 삼아 AI 서버·반도체·산업용 로봇 등 핵심 인프라의 국산화를 가속화할 전망이다.

## 증시의 새로운 역할 '기술혁명의 자금조달 창구'

내수 부진과 부동산 침체는 여전한 리스크다. 그러나 중국 정부는 과도한 재정 부양책 대신 구조적 안 정화 전략을 택하고 있다. 그 핵심 중 하나가 '제로지뢰게임'(零地雷) 방지다. 이는 '지뢰를 한 발도 터 뜨리지 않는다'는 뜻으로, 부동산 개발업체의 연쇄 도산을 막기 위한 정책이다.

중국어로 '제로지뢰게임'에서 '지뢰'는 채무 불이행·공사 중단·기업 파산 등 예기치 못한 금융 리스 크를 의미한다. 특히 2021년 헝다 그룹의 유동성 위기 이후 시장에는 '폭뢰'(爆雷·바오레이)라는 표현 이 널리 퍼지며, 기업의 도산이 사회 전반에 미치는 충격을 상징하게 됐다. 정부는 국유은행을 통해 ▲ 유동성 지원 ▲채무 재조정 ▲미분양 아파트 완공 자금 투입 등을 함으로써 연쇄 도산을 막고 있다. 이 는 단기적 안정을 위한 조치지만, 장기적으로는 시장 기능 왜곡과 도덕적 해이를 초래할 수 있어 균형 잡힌 접근이 요구된다.

대신 정부는 자본시장, 특히 증시를 새로운 성장 엔진의 핵심 창구로 부각하고 있다. 증시는 단순한 기업 자금조달 수단을 넘어 첨단기술기업의 생태계 조성과 은행 과잉 유동성의 해방구 역할을 맡게 된 다. 중국 은행에서 잠자고 있는 과잉 유동성은 시총의 30%를 넘어서는 37조 위안에 달한다.

| 항목 | 핵심 내용 |
|---|---|
| **중국의 15차 5개년 계획 종합 요약 및 시사점** | |
| **정책 기조** | 안정 속 발전, 고질적 발전 중심, 개혁·혁신 동력화 |
| **핵심 전략** | 산업 고도화, 과학기술 자립, 내수 확대, 제도적 개방 |
| **성장 목표** | 정량적 목표 없으나, 2035년 목표 달성을 위해 명목 성장률 5.5% 이상 필요 |
| **사회 정책** | 공동부유 실질적 진전, 기회 균등, 민생 안전망 강화 |
| **향후 전망** | 2026년 3월 전국양회에서 구체적 목표 수치 및 예산 공개 예정 |

자료:중국경제금융연구소

정부는 이 자금을 부동산이 아닌 제조업과 기술 혁신으로 회귀시키기 위해 증시를 통해 유도하는 전략을 추진하고 있다. ▲국유기업의 배당 확대 ▲연기금과 보험사의 장기 자금 유입 ▲기관투자자의 시장 지지 역할 강화 등이 핵심 정책이다. 인민은행과 증권감독관리위원회는 "주식시장은 국가 금융 안보의 핵심"이라며 시장 안정화를 위한 공조 체제를 강화하고 있다.

2026년 중국 증시는 정책 기대감과 기술 혁신 펀더멘털(기초체력)이 맞물려 2025년에 이어 상승 추세를 이어갈 전망이다. 특히 주목할 분야는 다음과 같다.

첫째, 인공지능(AI) 산업 생태계다. 중국은 'AI+' 전략을 통해 AI 기술을 제조·금융·교육·의료 등 전 산업에 융합시키고 있다. 증시에서는 ▲AI 서버 ▲대규모 모델 개발 ▲AI 유틸리티(AI+전력, AI+교통) 기업들이 주목받을 전망이다. 특히 ▲AI 칩 ▲고성능 컴퓨팅(HPC) ▲데이터센터 관련 기업은 인프라 수요 확대로 수혜를 입을 것으로 예상된다.

둘째, 핵심 전략 과제인 반도체 국산화다. 미국의 수출 통제로 인해 중국은 반도체 설계·제조·장비·소재 전 분야에서 자립을 가속화하고 있다. 15.5계획은 '전방위적 핵심 기술 공략'을 명시하며 ▲극자외선(EUV) 리소그래피 ▲고성능 패키징 ▲AI 반도체 등의 분야에 집중 투자할 전망이다. 증시에서는 반도체 장비·팹리스(Fabless)·선단 공정 위탁생산(Foundry) 기업들이 주목된다.

셋째, 빅테크(Big Tech) 기업의 재평가도 기대된다. 알리바바·텐센트·바이두 등은 규제 완화와 함께 ▲AI 기술 상용화 ▲해외 시장 확대 ▲이익 모델 다각화를 통해 실적 회복을 이어가고 있다. 특히 ▲생성형 AI ▲클라우드 서비스 ▲디지털 인터넷 금융 분야에서 성장 잠재력이 높다.

넷째, 새로운 성장 축으로 부상할 해양 경제다. 15.5계획에서 처음으로 '해양 개발 보호'를 명시하며 ▲해양 에너지 ▲해양 생물 의약품 ▲해양 광물 자원 ▲해양 생물 제조 등 신산업 육성을 추진한다. 해양 산업 클러스터 조성과 함께 관련 기술 기업들의 증시 상장도 활발해질 전망이다.

다섯째, '항공우주 강국' 건설의 핵심인 우주 산업이다. 미국의 스페이스X 스타링크(Starlink)에 대응해 구축하는 국가 차원의 대규모 저궤도(LEO) 위성인터넷망인 중국위성망(中国卫星网), 민간 위성망인 G60 천기성좌(G60 天基星座) 등 대규모 위성 클러스터가 본격화되면서 ▲상업용 발사 ▲위성 제조 ▲위성 통신 서비스 기업들이 급성장할 전망이다. 하이난 상업우주 발사장 운영과 함께, 민간 우주 기업의 증시 진입도 본격화될 것으로 보인다.

2026년 중국 경제는 '질적 도약'의 해가 될 전망이다. 5%의 성장률은 단지 출발점일 뿐, 그 뒤에 숨은 ▲기술혁명 ▲제조업 부활 ▲증시 반등의 세 가지 파도가 중국 경제를 새로운 단계로 끌어올릴 전망이다. 이는 미국과의 패권 경쟁 속에서 중국이 선택한 '내부 혁신'과 '구조적 전환'의 결과다. 외부 리스크와 내부 구조조정의 고통은 여전하겠지만, 중국은 단순한 '세계의 공장'을 넘어 '세계의 기술 허브'로 도약하려는 포석을 이미 깔아 놓았다. 이 전환의 성패는 중국과 향후 10년 글로벌 경제의 판도를 변화시킬 것이다. **E**

## CHAPTER 1  세계 경제 흐름과 전망

# 일본은 2026년에도 순항할까

일본 경제, '트럼프 관세' 불구 순항 중…실질임금 상승 지속성은 과제
관세 정책 후유증 남을까…일본 금리 향방도 주목

**정성춘**
대외경제정책연구원 선임연구위원

미국의 관세 정책은
일본 기업, 특히 일본 경제를 떠받치는 자동차, 기계 등
제조업 기업의 수익성을 저해한다.
수익성 저하는 일본 경제의 성장을 주도해 온
설비투자와 임금 인상에 부정적 영향을 줄 수 있다.

**일본 경제는 도널드 트럼프 미국 대통령의 관세 정책 등 대외적인 요인에도 불구하고 큰 충격 없이 순항하고 있다.** 일본의 38개 경제 분석기관을 대상으로 일본 경제의 현황과 전망을 수집해 분석한 결과인 'ESP 예측조사'에 따르면, 일본 경제는 2025년에는 0.8%, 2026년에는 0.7%의 실질 성장이 전망된다. 2024년 실질 성장률은 0.7%였다.

분기별 성장률 추이를 보면, 일본 경제는 2025년 3분기에 −1.35%(전기 대비, 연율)로 역성장한 후 4분기부터 회복돼 2026년 2분기에 1%까지 성장세가 상승한 후 3분기부터 0.8%대의 안정적인 성장세가 이어진다고 전망되고 있다. 트럼프발 관세에 따른 대미 수출이 2025년 3분기의 성장세를 크게 악화시키지만 이후 신속하게 안정세를 찾아가는 모양새를 그리고 있다.

일본 경제의 성장은 소비와 투자 등 민간 수요에 의해 주도되고 있다는 특징도 확인된다. 수요항목별 성장 기여도를 살펴보면 개인소비와 설비투자의 성장 기여도가 매우 크다. 예를 들면 2024년 일본

다카이치 사나에 일본 총리가 연설하고 있다. [사진 AP/연합뉴스]

도쿄의 한 지하철역 통로를 따라 통근자들이 걸어가고 있다. [사진 AFP/연합뉴스]

경제는 0.7% 성장을 달성했는데 그중 개인소비는 0.7%, 설비투자는 2.1%나 성장했다. 하지만 주택투자는 −0.4%, 순수출은 −0.4%로 오히려 성장을 저해하는 요인으로 작용했다.

2026년에도 이러한 성장 패턴은 지속될 것으로 전망된다. 2025년 경제 성장률 0.8%를 수요항목별로 분해해 기여도를 추정한 결과를 보면, 개인소비와 설비투자 등 민간수요 기여도는 0.9% 포인트(p), 정부 소비와 공공투자 등 공공수요 기여도는 0%p, 수출과 수입 등 순수출 기여도는 −0.1%p로 추정됐다.

## 경제 성장, 민간소비·설비투자 의존 당분간 계속

2026년도의 경제 성장률 0.7%에 대해서도 각각 0.6%p, 0.2%p, 그리고 −0.1%p의 성장 기여가 전망됐다. 일본의 경제 성장이 민간소비와 설비투자에 주로 의존해 왔고 앞으로도 당분간 이러한 성장 패턴이 이어질 것이라는 특징을 확인해 둘 필요가 있다.

개인소비는 당연히 가계소득에 영향을 받는다. 일본 정부는 민간 소비를 활성화하기 위해 임금 인상을 강하게 압박해 왔다. 이른바 '관제 춘투'를 통해 명목임금을 인상하도록 유도했고, 그 결과 일본의 춘계 임금 인상률은 ▲1.86%(2021년) ▲2.20%(2022년) ▲3.60%(2023년) ▲5.33%(2024년) ▲5.52%(2025년)로 가파르게 상승해 왔다.

그리고 2024년 중반 이후부터 통상적으로 1~2%의 상승률을 보였던 기업의 현금급여총액이 3% 이상의 상승률을 보이기 시작했다. 일본의 실질임금은 2020년대 이후 대부분의 시기에 전년 동기 대비로 마이너스 상태였다. 그러나 명목임금이 인상된 결과, 2024년 중반부터 실질임금이 플러스로 전환됐다.

실질임금 상승의 지속성을 확보하는 것은 여전히 과제로 남아 있다. 일본의 경제전문기관들은 임금 인상을 다소 낙관적으로 바라보면서 2026년 춘계 임금 인상률(평균)도 4.8%로 전망했다. 특히 노동력 부족으로 우수한 인력을 확보하기 위해서는 임금을 올려야 한다는 점, 물가가 많이 올랐다는 점이 임금을 인상하도록 하는 요인이다. 다만, 미국의 관세 정책으로 인해 기업의 수익성이 하락하면 임금을 올려줄 수 있는 여력이 감소할 수 있다는 점이 위험 요인으로 지목되고 있다.

일본 경제 성장의 또 하나의 동력인 설비투자는 견조한 성장세를 보여왔다. 일본 기업은 엔화 약세를 배경으로 높은 기업 수익을 실현했고 이러한 수익을 바탕으로 왕성한 설비투자를 해 왔다. 기업이 설비투자를 늘린 배경에는 수익 증가 이외에도 노동력 부족과 디지털 전환이 있다. 노동력 확보가 어려워지면서 이를 대체하기 위한 노동 절약형 설비투자를 할 수밖에 없는 상황이 됐으며, 디지털 전환을 위해 막대한 규모의 투자가 필요했기 때문이다.

실제로 일본의 설비투자 중에서도 가장 빠른 성장세를 보인 것은 소프트웨어 투자인데, 실질 소프트웨어 매출액 지수는 2020년을 100으로 했을 때 2025년 초 약 140을 초과하는 수준까지 상승했다. 이에 비해 자본재 총공급(수송기계 제외)은 2025년 초에 약 110 수준이어서 자본재 중심의 설비투자보다 소프트웨어 중심의 투자가 훨씬 활발하게 이뤄지고 있음을 알 수 있다. 즉 ▲기업의 디지털 전환을 위한 각종 기업용 시스템 구축 ▲클라우드 서비스 이용 확대 ▲인공지능과 빅데이터 분석 시스템 도입 ▲사이버 보안과 데이터 관리 시스템 도입 등이 설비투자를 주도하고 있다.

2026년에는 미국의 관세 정책으로 인해 기업의 수익성이 나빠지고 그 결과 설비투자가 영향을 받을 우려가 있다. 그러나 앞서 언급한 노동 절약형 투자나 디지털 전환형 투자는 기업의 경쟁력 강화를 위해서는 불가피한 투자다. 그러므로 일본 기업은 앞으로도 이러한 유형의 설비투자에 적극적으로 나설 것으로 전망된다.

다만 건설 관련 투자는 여전히 미약하다. 민간 비주택 건설 공사 실적 지수를 보면 2020년을 100으

로 했을 때 2025년에도 여전히 100 수준에서 벗어나지 못하고 있기 때문이다. 향후 인구 감소와 청년
층 감소로 인해 거주용 주택의 수요도 완만히 감소할 것으로 보여서 건설 관련 투자는 완만히 감소세를
이어갈 것으로 전망된다.

물가와 고용은 안정세가 예상된다. 'ESP 예측조사'에 따르면, 일본의 소비자 물가(신선식품 제외)는
2025년 2.75%, 2026년 1.80% 상승할 것으로 전망됐다. 물가 상승세가 추세적으로 완화되어 갈 것이
라는 점에 주목해야 한다. ▲원유 등의 국제 에너지 가격이 안정되어 있다는 점 ▲일본 정부가 유류비
부담을 완화하는 조치(휘발유와 경유 등에 적용되는 잠정세율 폐지 등)를 시행할 가능성이 높아졌다는
점 ▲수입 물가가 지속적으로 하락하면서 가공식품이나 외식 가격의 상승세도 꺾이기 시작했다는 점
등이 물가 안정세 전망의 배경이다.

일본의 고용은 이미 완전고용에 도달해 있다. 일본 노동시장의 문제는 고용 창출이 아니라 노동력
공급 확보이다. 일본의 실업률은 2024년 2.5%였으며 2025년과 2026년에도 동일한 수준에 머물 것으
로 전망된다.

일본 경제에 대한 하방 압력으로 작용할 수 있는 가장 중요한 위협 요인은 바로 미국의 관세 정책이다.
미일 정부는 ▲2025년 7월 22일 대일 상호관세율 15% ▲품목 관세로서 자동차 및 자동차 부품 관세율
15% ▲철강·알루미늄 관세율 50% ▲동(銅) 반제품 및 동 파생품 관세율 50% ▲반도체 및 의약품 최혜
국 대우 적용으로 관세 협상을 타결했다. 그리고 동년 9월 4일 합의 내용을 포함하는 대통령 행정명령
이 시행됐다. 미국의 대일 평균관세율은 2025년 1월 1.5%였으나 트럼프의 관세 정책으로 인해 12.3%
까지 상승했다. 이는 일본 기업에 매우 큰 부담이다.

## 관세 악영향 고려…日 은행의 금리 결정 중요

일본의 대미 수출은 2025년 8월까지 전년 대비 13.8% 감소했다. 대미 수출 감소를 주도한 것은 자동차
수출이다. 대미 자동차 수출 대수는 2025년 하반기 이후 급감하기 시작했다. 자동차 산업의 수출 감소
는 일본 국내 자동차 산업 기반을 파괴하는 요인으로 작용할 수 있다. 다만 대미 자동차 수출 대수는 감
소했으나 일본 자동차 회사의 대미 시장 판매 대수는 오히려 증가했다.

그 이유는 일본 자동차 회사가 미국 현지생산을 강화했기 때문이다. 수출 대수가 감소하는 대신 현
지생산 판매 대수가 증가하면서 전체 판매 대수는 증가한 것으로 나타났다. 일본 정부는 트럼프 재직
기간 중에 5500억 달러에 달하는 대미 투자를 약속했다. 대미 투자의 증가는 일본 국내 제조업 기반을
파괴하는 요인으로 작용할 수 있다.

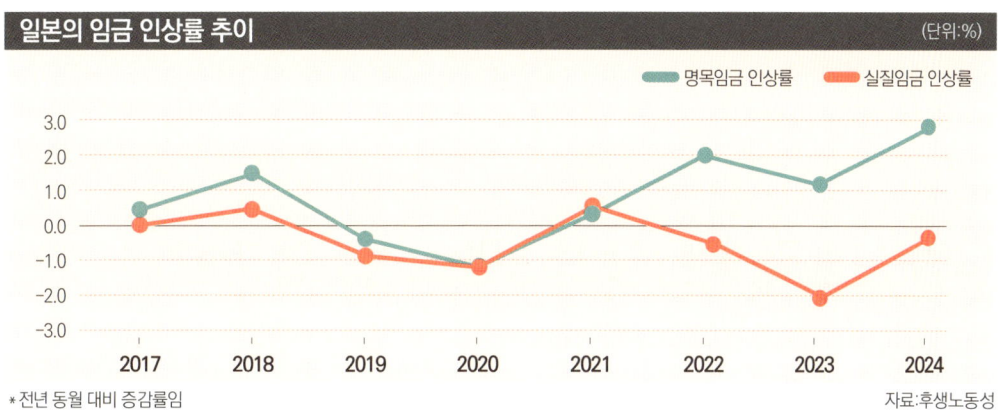

**일본의 임금 인상률 추이** (단위:%)

● 명목임금 인상률  ● 실질임금 인상률

*전년 동월 대비 증감률임                                    자료:후생노동성

미국의 관세 정책이 초래할 수 있는 파괴적 악영향을 우려해 일본 은행은 정책금리의 인상에 주저하고 있다. 일본 은행은 2025년 9월에 개최한 금융정책결정회합에서 정책금리를 0.5%로 동결하는 결정을 내렸다. 미국의 관세 정책이 일본 경제에 어떠한 영향을 미칠지 지켜볼 필요가 있다고 판단한 것이다.

다만, 일본의 경제 전문가들은 일본이 미국의 관세 정책에 신속하게 적응해 갈 수 있다고 판단한다. 한국 등 주요 수출 경쟁국들에 비해 부당하게 불리한 관세율을 적용받지는 않기 때문이다. 그러나 미국의 관세 정책은 일본 기업, 특히 일본 경제를 떠받치는 자동차, 기계 등 제조업 기업의 수익성을 저해한다. 수익성 저하는 일본 경제의 성장을 주도해 온 설비투자와 임금 인상에 부정적 영향을 줄 수 있다. 그 영향의 깊이와 길이가 일본 은행의 금리 정책에 영향을 줄 것이다.

다만, 2025년 10월 시점에서 일본의 경제전문가들은 현재 0.5% 수준의 정책금리가 2025년 12월에는 0.7~0.8%, 2026년 12월에는 1.0~1.1% 수준까지 상승할 것으로 보는 견해가 많다.

일본 정부의 경제정책 방향도 중요하다. 2025년 10월에 출범한 다카이치 정권의 경제정책은 성장에 방점을 찍고 있다. '책임지는 적극 재정'을 통해 민관의 투자 확대를 추진하는 한편, 비대해진 정부 지출을 효율화하는 세출 개혁도 추진할 것이다. 또한 공공요금의 안정을 도모하는 정책도 추진할 방침이다. 경제성장을 위해 금융정책에 대해서는 완화적 금융정책을 요구할 것으로 보인다. 음식료품에 대한 한시적 소비세 면세, 인플레이션을 고려한 소득세 기초공제 개선, 환급형 세액공제 등 감세 정책도 도입될 예정이다. 정부지출 확대와 감세, 금융 완화의 지속은 총수요를 늘려 경기를 부양하는 효과가 기대되지만, 재정 규율 훼손이라는 부작용도 초래할 수 있다. 향후 다카이치 정권의 경제정책에 대한 관찰이 중요하다. **E**

# CHAPTER I
세계 경제 흐름과 전망

# 유럽·신흥국, 저성장 시대의 리스크와 기회

무역 둔화·고관세에 구조적 전환·외부 충격 동시 대응해야
기술·녹색·디지털 전환이 향후 성장 분기점

**허정**
서강대 경제학과 교수

2026년 유럽과 신흥국의 경제 전망은
단순한 수치 상승 여부에만 주목해서는 안 되고,
무역 및 통상 구조 변화, 공급망 재편, 내수시장,
디지털 및 녹색 산업 전환이라는 구조적 흐름을
함께 고려하는 것이 중요하다.

2026년 유럽과 신흥국은 단순히 경기 회복의 방향이 아니라, 경제 구조적 전환과 외부 충격 대응을 동시에 해야 하는 중요한 시점에 놓여 있다. [게티이미지코리아]

**2026년 세계 경제는 단기 회복이 아니라 지속적 저성장과 구조적 전환의 시기로 규정될 수 있다.** 국제통화기금(IMF), 세계은행(World Bank), 경제개발협력기구(OECD), 세계무역기구(WTO) 등 주요 국제기구 모두 공통적으로 성장률 둔화와 교역의 약화, 그리고 지정학적 불확실성의 확대를 세계 경제의 진행 방향으로 제시하고 있다. WTO도 2026년 세계 교역 증가율이 약 1.8% 수준으로 떨어질 것이라 전망했다. 이는 2000년대 평균인 5%의 절반도 안 되는 수준으로 글로벌 무역이 과거의 성장엔진 역할을 더 이상 못하고 있음을 단적으로 보여주고 있다.

이 같은 무역 둔화의 배경에는 미국이 주도하는 고율 관세와 미중 통상 갈등의 확산이 자리 잡고 있다. 관세 정책이 ▲경제안보 ▲공급망 재편 ▲산업보조금 경쟁과 결합하면서 세계 무역질서는 전례 없이 불확실해졌다. 글로벌 생산과 투자의 국경이 높아지고 있는 오늘날, 유럽과 신흥국은 그 영향을 직간접적으로 받고 있다. 유럽은 에너지와 노동 비용 부담 속에서 수출 둔화 압력을 받고 있고, 신흥국들은 교역과 자본흐름의 불확실성에 노출되어 성장 동력 약화가 발생하고 있다.

결국 2026년의 유럽과 신흥국은 단순히 경기 회복의 방향이 아니라, 경제 구조적 전환과 외부 충격 대응을 동시에 해야 하는 중요한 시점에 놓여 있다. 본 절에서는 먼저 유럽 경제의 전망을 살펴보고, 이어 신흥국의 흐름을 분석한 뒤, 미국발 고율 관세와 새로운 글로벌 통상 환경이 이들 지역에 던지는 리스크와 기회를 함께 조망해 보고자 한다.

## 유럽 1%대 성장의 구조적 제약

유럽 지역(특히 유로존 및 유럽연합 회원국들)은 2026년 성장률이 여전히 매우 낮은 수준에 머물 것으로 전망된다. IMF는 유로 지역의 실질 국내총생산(GDP) 성장률을 2025년 0.8%에서 2026년 1.2%로 전망하고 있다.

신흥시장 및 개발도상국은 그간 고성장 기조에서 벗어나 낮은 성장률 체제가 뉴노멀로 자리 잡을 것으로 보인다. [사진 연합뉴스]

또한 유럽중앙은행(ECB)도 2026년 유로 지역 연평균 성장률을 약 1.1%로 제시하고 있다. 그리고, 유럽연합(EU) 집행위원회의 Spring 2025 Economic Forecast 역시 EU 전체의 성장률을 2026년 1.5%로 전망하고 있다. 이처럼 유럽은 과거 2~3%대 성장률 대비 훨씬 낮은 경제 성장 회복률을 예상하고 있다는 점이 공통적이다.

성장 둔화의 구조적 배경은 다음과 같다. 첫째, 세계 수요의 약화다. ECB 자료에 따르면 유로 지역에 대한 외국 수입 증가율은 2026년 약 1.7% 수준으로 낮아질 것으로 예상되어 유럽의 수출 기업들이 타격을 맞을 가능성이 높다. 둘째, 노동, 생산성, 그리고 인구구조 제약을 들 수 있다. ▲고령화 ▲낮은 인구 증가율 ▲생산성 향상의 정체가 복합적으로 유럽의 성장 잠재력을 약화하고 있다. 셋째, 에너지 비용·정치·재정문제·금융 취약성 등이 국가 경쟁력을 저해하는 요인으로 작용하고 있다. 마지막으로 IMF는 미국 및 중국과의 무역 마찰 및 통상환경 불확실성이 유럽의 투자와 소비를 약화할 수 있다고 지적하고 있다.

반면, 유럽의 성장 잠재력은 감소하고는 있지만, 동시에 기회의 요인도 찾아볼 수 있다. 유럽 일부 국가는 최근 방위산업과 인프라에 투자를 확대하고 있으며, 디지털 및 친환경 전환 정책을 적극적으로 추진하고 있다.

즉, 유럽 경제가 과거 수출과 제조 위주의 구조에서 서비스·녹색·디지털 위주로 전환될 경우 신성장 모멘텀(상승동력)이 발생할 수 있다는 것이다. 예컨대, 유럽연합은 2050년 탄소중립을 목표로 한 유럽 그린딜(European Green Deal) 과 디지털 전환 전략(Shaping Europe's Digital Future)을 병행 추진하고 있으며, 이러한 쌍둥이 전환이 유럽 경제의 새로운 성장축으로 작용할 가능성이 있다.

요컨대, 2026년 유럽은 저성장 기조 속에서 완만한 회복을 이어가되 외부 충격과 구조적 제약에 매우 취약한 상태가 될 것이다. 다만 기술·녹색·서비스 전환이 향후 성장의 분기점이 될 가능성이 있다.

## 신흥국 내수·공급망 재편 속 제한적 회복

신흥시장(Emerging Market) 및 개발도상국(Developing Economies)은 그간 고성장 기조에서 벗어나 낮은 성장률 체제가 뉴노멀로 자리 잡을 것으로 보인다. 2025년 6월 세계은행이 발표한 '세계 경제전망'(Global Economic Prospects)에 따르면, 중국을 제외한 신흥시장 및 개발도상국의 전반적인 성장률은 2025년 약 3.4% 수준의 둔화된 모습에서 2026년에 약 3.9% 수준까지 소폭 반등에 그칠 것으로 전망하고 있다.

이러한 저생산 성장 구조는 신흥국 대다수에서 교역·투자·구조개혁의 동력이 약화하고 있기 때문이라는 분석을 하고 있다. 유럽과 중앙 아시아 지역의 신흥국들도 2025년 약 2.4% 수준에서 2026년 약 2.6% 수준의 소폭 회복을 기대하고 있으나 역시 저생산 성장 체제가 고착화되고 있는 상황이다.

신흥국들이 직면한 주요 경제 성장 제약 요인은 다음과 같다. 첫째, 수출 및 원자재 기반이 취약해지고 있다는 점이다. ▲글로벌 수요 둔화 ▲원자재 가격 하락 ▲환율 및 금리 충격이 수출 중심의 신흥국에 불리하게 작용하고 있다.

둘째, 금융 및 채무 리스크이다. 달러 강세 및 금리 상승 속에서 신흥국들 대부분의 외채 부담이 커지고 있다. 셋째, 글로벌 통상 및 제도적 리스크에 직면하고 있다. 대부분 ▲국가 거버넌스의 약화 ▲사회와 정치 불안 ▲신기술 도입의 지연 등이 중장기 경제 성장에 저해 요인으로 작용하고 있다.

반면, 신흥국들에 주어지는 기회의 요인도 찾아볼 수 있다. 첫째, 내수시장 확대를 들 수 있다. 중산층 소득 증가와 소비자 기반이 확대되는 신흥국에서는 향후 서비스 및 디지털 경제 분야에서 성장 잠재력을 찾아볼 수 있을 것이다.

둘째, 글로벌 공급망 재편, 즉 리쇼어링(제조본국회귀)과 지역블록화 흐름 속에서 미국과 중국 중심의 기존 체제가 흔들리면서 신흥국이 대체 지역으로 부상할 가능성이 있다. 실제 세계은행은 글로벌 무역 장벽 확대에도 불구하고 일부 신흥국에서 기술 도입과 외국인 직접투자 유입이 증가하고 있다는 분석을 제시한 바 있다.

결국, 신흥국의 과제는 성장률 회복 자체보다는 성장 구조 변수(즉, 내수시장, 서비스와 디지털 전환)에 더 무게를 두어야 향후 성장 회복의 기회를 찾을 수 있을 것이다.

미국이 주도하는 고율 관세 및 산업 재건 정책은 유럽과 신흥국 모두에 중요한 외생변수로 작용하고 있다. 이러한 통상환경 변화가 유럽과 신흥국에 미치는 영향은 다음과 같다.

유럽은 미국을 비롯한 주요 교역 상대국으로의 수출 둔화에 직면해 있는데, IMF와 ECB는 유로 지역 성장 둔화 요인 중 하나로 고관세 및 미중 무역 마찰을 명시한 바 있다. 신흥국 역시 미국발 고관세와 그로 인한 수출시장 축소로 인해 경제적 부담이 가중되고 있다.

공급망 재편의 흐름 속에서 대체 공급기지라는 기회도 나타나고 있다. 즉, 세계 다국적 기업들이 고관세와 무역 불확실성하에서 미국과 중국 중심 체제를 탈피하고 글로벌 생산거점을 다변화하려는 움직임이 유럽과 신흥국에 새로운 기회를 제공하고 있는 것이다.

요컨대, 최근 미국발 글로벌 통상환경 변화는 유럽과 신흥국에 대해 리스크와 기회가 공존하는 전환의 국면으로 작용하고 있으며, 특히 ▲공급망 다변화와 무역 구조 재편 ▲내수 기반 강화 ▲디지털 및 친환경 전환이라는 흐름이 점차적으로 이 지역에 중요하게 작용하게 될 것이다.

유럽은 약 1%대의 저성장 상태가 2026년에도 이어질 전망이며, 신흥국은 3~4%대의 회복 흐름이지만 과거 고성장 시대 대비 크게 낮아진 수준이 될 것이다.
[사진 연합뉴스]

　　유럽은 약 1%대의 저성장 상태가 2026년에도 이어질 전망이며, 신흥국은 3~4%대 회복 흐름이지만 과거 고성장 시대 대비 크게 낮아진 수준이 될 것이다. 두 지역 모두 외부 충격과 통상 리스크에 매우 민감한 구조를 가지고 있으며, 특히 미국의 고관세 및 통상 정책 불확실성은 이들의 성장 여건을 어렵게 만들고 있다.

　　따라서, 2026년 유럽과 신흥국의 경제 전망은 단순한 수치 상승 여부에만 주목해서는 안 되고 ▲무역 및 통상 구조 변화 ▲공급망 재편 ▲내수시장 ▲디지털 및 녹색 산업 전환이라는 구조적 흐름을 함께 고려하는 것이 중요하다. **E**

# 세계 경제 흔들 결정적 변수들

트럼프 2기 행정부의 리스크는 계속된다

AI 발전과 신흥국의 상대적 성장 지연 가능성

세계 통화 질서 흔드는 디지털 화폐

탈탄소 전환, 기회일까…한국 경제의 전환점

CHAPTER 2

# 트럼프 2기 행정부의 리스크는 계속된다

불투명한 관세 정책, '언제든 폐기될' 합의
당근과 채찍…'우대·거래·비우호'로 나뉜 산업 재편

**김혁중**
대외경제정책연구원 북미유럽팀 부연구위원

트럼프 2기 행정부는 이미 충분히 파격적이었던
1기 행정부와는 차원이 다른 속도로 질주하고 있다.
출범 후 200일 동안 총 181개의 행정명령을 발표했는데,
이는 전임 바이든 행정부 4년 동안의
전체 행정명령 수(162개)를 가뿐히 넘어선다.

도널드 트럼프 대통령이 법안에 서명하기 앞서 연설하고 있다. [사진 AP/연합뉴스]

**길고도 긴 1년이었다.** 트럼프 2기 행정부는 이미 충분히 파격적이었던 1기 행정부와는 차원이 다른 속도로 질주하고 있다. 출범 후 200일 동안 총 181개의 행정명령을 발표했는데, 이는 전임 바이든 행정부 4년 동안의 전체 행정명령 수(162개)를 가뿐히 넘어선다.

단순히 양적인 측면에서만 많았던 것도 아니다. ▲상호관세를 비롯한 각종 관세 부과 ▲이민 장벽 강화 ▲과학기술 거버넌스 정립 ▲정부효율부(DOGE)를 통한 정부 구조조정 ▲에너지·인공지능(AI)·가상화폐·제약·핵심광물·조선·원자력에 대한 정책 방향 제시 ▲8차례의 국가 비상사태 선포 등 굵직한 사안들이 행정명령 형태로 추진됐다.

숨 가쁘게 달려왔지만, 트럼프의 행보는 여전히 멈출 기미가 없다. 밀물처럼 쏟아지는 정책 홍수 속에서도 아직 명확히 매듭지어지지 않은 현안들이 산적해 있기 때문이다. 그렇다면 '트럼프발 리스크'는 언제까지 이어질 것인가? 남은 트럼프 2기 행정부의 과제와 리스크를 관세·산업정책·정치 부문으로 나

| 트럼프 2기 행정부 관세 부과 현황 | | |
| --- | --- | --- |
| 불법 마약 및 이민 관세 | 상호관세 및 기타 관세 | 제232조 관세 |
| (근거법: IEEPA) | (근거법: IEEPA) | (근거법: 무역확장법) |
| **[멕시코, 캐나다]** 캐나다는 35%, 멕시코는 25% 관세 부과하되 미국·멕시코·캐나다 무역협정(USMCA)으로 면세되는 품목도 관세 적용 제외 <br> * 캐나다, 멕시코산 비료 및 에너지 품목에 대해서는 10% 관세만 부과 <br><br> **[중국]** 모든 품목에 대해 20% 부과 중 | **[상호관세]** <br>• 한국 15%, EU 15%, 일본 15% 등 69개국에 대한 차등관세 부과 (8월 7일 시행 기준) <br>• 나머지 국가에는 10% 관세 일률 적용 <br><br> **[별도 조치]** <br>• IEEPA 통해 브라질·인도·베네수엘라에 추가 관세 부과 중 | **[철강·알루미늄]** 이전 합의 사항 폐기 및 50% 관세 부과 <br>**[자동차·부품]** 25% 관세 <br>**[구리]** 50% 관세  **[목재]** 10~25%  **[트럭]** 10~25% <br>**[조사 개시]** ▲반도체·장비 ▲제약 ▲핵심광물 ▲항공기 ▲폴리실리콘 ▲드론 ▲풍력 발전기 ▲로봇·산업용 기계 ▲의료용품 <br>**[EU, 일본]** EU, 일본은 자동차·부품·트럭·항공기 제품· 제네릭 의약품·자연자원에 대해서는 15%까지만 관세 적용 <br>**[영국]** 자동차의 경우 연 10만 대까지 10% 관세 적용하며 자동차 및 트럭 부품에 대해서도 10% 관세 적용, 철강과 알루미늄은 25% 적용 |

누어 살펴본다.

## 끝나지 않은 관세 전쟁…IEEPA와 232조의 '이중 포석'

유럽연합(EU)·일본·영국·한국 등 주요국과의 관세 협의가 진행되어 왔지만, 트럼프 2기 행정부의 관세 정책이 완성 단계에 접어들었다고 보기는 어렵다. 현시점의 관세정책은 '국제긴급경제권한법'(IEEPA ·International Emergency Economic Powers Act)에 근거한 '불법 마약 및 이민 관세' '상호관세' 그리고 '무역확장법' 제232조에 따른 '제232조 관세' 등 세 가지 축으로 구분할 수 있다. 그러나 이들 모두 최종 형태가 불투명한 상황이다.

IEEPA를 발동해 부과되는 관세는 현재 연방대법원의 최종 판결을 기다리고 있다. 1심에서는 국제 무역법원이 IEEPA 기반 관세를 위법으로 판단했으나, 항소심에서는 최종 판결이 나올 때까지 무효 판결의 효력을 정지시켰다. 연방대법원은 공화당이 임명한 판사 6명, 민주당이 임명한 판사 3명으로 구성되어 있지만 원심이 뒤집힐 것이라고 단정하기는 어렵다.

이에 대비하듯, 트럼프 2기 행정부는 국제무역법원의 1심 패소 판결(2025.5.29) 이후 폴리실리콘, 드론, 풍력발전기, 산업용 로봇·기계, 의료기기 등을 대상으로 새로운 제232조 관세조사를 개시했다.

일반적으로 상호관세와 제232조 관세는 중복 적용되지 않기 때문에 제232조 관세의 범위가 확대될수록 상호관세의 적용 범위는 축소된다. 따라서 연방대법원에서 패소하더라도, 행정부는 보다 법적 근거가 명확한 제232조 체제로 즉시 전환할 준비를 마친 것으로 보인다.

이미 협상이 마무리된 국가라 하더라도 분쟁이 완전히 종결된 것은 아니다. 철강과 알루미늄 관세는 트럼프 1기 행정부 당시 일부 예외가 인정되었지만, 2기 행정부에서는 해당 합의가 모두 철회되며 다시 원점에서 재논의됐다. 이는 트럼프 2기 행정부에서 체결된 합의 또한 언제든지 폐기될 수 있음을 시사한다.

## '거래적 접근'과 정부 개입…산업 정책의 대전환

트럼프 2기 행정부는 전방위적인 관세 폭격을 가하는 와중에도 산업 정책의 대전환을 병행하고 있었다. 트럼프의 시각에서 산업은 크게 ▲우대 산업 ▲거래를 통한 규칙 재정립 대상 산업 ▲비우호 산업으로 구분된다.

우대 산업에는 화석연료·AI·핵심광물·조선·원자력 등이 포함된다. 이들 산업에는 규제 완화와 함께 필요시 연방정부 자금 지원이 병행된다. 다만 이러한 지원이 '무조건적'으로 이뤄지는 것은 아니다. 예컨대 핵심광물 분야에서 국방부는 MP 머티리얼즈와 트릴로지 메탈스의 지분을 직접 취득했다. 이는 향후 정부가 해당 기업의 경영 방향에 영향력을 행사할 수 있음을 의미한다. 이러한 형태의 정부 개입은 조선 및 원자력 산업에도 확산될 가능성이 높다. 단순한 지분 매입뿐 아니라 보증·지식재산권 라이선스·로열티·수익 배분 등 다양한 형태의 정부 청구가 나타날 수 있다.

규칙이 재정립되는 산업은 반도체·제약·자동차 산업이 대표적이다. 트럼프가 '거래적 접근법'을 적용해 약점이 없으면 만들어서라도 상대를 쥐고 흔드는 것은 국가 단위뿐 아니라 기업 단위에도 적용된다. 반도체의 경우 보조금·연구개발(R&D) 지원을 받는 기업에 추가 의무가 부과될 가능성이 높다. 인텔에 대한 연방정부 지분 인수로 이미 그 조짐이 나타났다. 제약산업에서는 경제개발협력기구(OECD) 국가 중 최저가 수준으로 미국에 약을 공급하도록 하는 MFN(Most Favored Nation) 가격제가 추진되고 있으며, 제약 관세 면제를 협상 카드로 활용하고 있다. 자동차 산업에서도 제232조 관세를 무기로 삼아 기업들의 미국 내 투자 확대를 유도하고 있다.

비우호 산업에 대해서는 지원을 축소하며, 확보된 자원은 우대 산업에 집중하고 있다. 대표적으로 재생에너지 산업은 '인플레이션 감축법'에서 도입된 상당수의 세제혜택이 '통합예산법안'(OBBBA·One Big Beautiful Bill Act) 제정으로 축소됐다. 또한 바이든 행정부가 제한했던 연방정부 소유 토지와 해양의 화석연료 개발을 트럼프 행정부는 재허용하고, 대신 재생에너지 개발을 제한하고

## 트럼프 2기 행정부 산업 정책 방향

| 산업 | 트럼프 2기 주요 정책 | 리스크 요인 |
|---|---|---|
| 반도체 | • '반도체와 과학법' 세액공제율 35%로 조정(10%p 인상)<br>• 인텔에 대한 '반도체와 과학법' 보조금을 지분권으로 전환<br>• 반도체 관세 도입 추진 | • 보조금 및 연구개발 관련 자금<br> 수혜 대상 기업에 대한 요구 사항 확대 |
| 자동차 | • 친환경차 보조금 제도 폐지<br>• 자동차 대출금 소득공제<br>• 자동차·부품에 대한 제232조 관세 | • 관세 정책 변화<br>• 에너지부 대출 프로그램 요건 강화 및 취소<br>• 배터리 및 전기차(EV) 인프라 프로젝트 축소 및 폐지<br>• 중국과의 탈동조화에 따른 비용 상승 |
| 배터리 | • 친환경차 보조금 제도 폐지와 함께 첨단제조세액공제의<br> 경우 중국산 조달 제한 | |
| 조선 | • 해양 및 조선 관련 행정명령 발표로 지원 의지 피력<br>• 제301조 해양 및 조선산업 조치 시행 | • 구체적인 지원 정책 제시가 필요 |
| 원자력 | • 원자력 관련 행정명령 발표로 지원 의지 피력 | • 구체적인 지원 정책 제시가 필요 |
| 핵심광물 | • 핵심광물 기업에 대한 지분권 확보<br>• 호주와 핵심광물 및 희토류에 관한 프레임워크 합의 | • 실제 미국 내 핵심광물 생산 확대와 중국의<br> 지위 견제로 이어질 수 있어야 함. |
| 재생<br>에너지 | • 재생에너지에 대한 대중국 견제 정책 결합으로<br> 보조금 요건 강화 및 일몰 기간 축소<br>• 태양광 및 풍력에 대한 제232조 관세 추진 | • 화석연료 사용 및 채굴 장려<br> 정책 추진으로 재생에너지에 대한<br> 가격 경쟁력 약화 우려<br>• 중국과의 탈동조화에 따른 비용 상승<br>• 실제 관세 추진 여부 |
| 제약 | • 최혜국대우(MFN) 가격제 도입 추진<br>• 제약사와 소비자 간 직접 거래 제도 도입 추진<br>• 공공 R&D 축소<br>• '미국을 다시 건강하게'(Make America Healthy Again)<br> 이니셔티브 추진 | • 추진하는 정책이 개별 기업과의 협상을 토대로<br> 추진되고 있어 이에 응하는 기업이 충분한지 의문<br>• 연방정부 조달에서 미국 내 생산 요건 강화하는<br> 정책도 등장 가능 |
| AI | • 'AI 행동계획' 수립 | • 구체적인 정책이 필요 |
| 화석연료 | • 부유식 액화천연가스(LNG)에 대한 신속 허가<br>• 연방 소유 토지 및 해양에서의 화석연료 채굴 확대<br>• 알래스카 LNG 및 화석연료 채굴 확대 장려하는<br> 행정명령 발표 | • 유가 인하 시 추가적인 화석연료 채굴 프로젝트에<br> 대한 동력이 둔화될 수 있음<br>• 화석연료 발전 및 사용과 관련한 지원 정책 제시 여부 |

있다.

대중(對中) 견제 정책 역시 한층 강화되고 있으나 본격적인 실행 단계에는 이르지 못했다. 현재까지는 ▲IEEPA를 통한 중국산 전 품목 20% 관세 ▲반도체 수출통제 조정 ▲OBBBA를 통한 중국 관련 조달 제한 확대 등이 시행된 정도다. 향후 ▲반도체 수출통제 ▲정보통신기술(ICT) 서비스 규제 ▲해외 투자 규제 강화가 예고되어 있지만 아직 대대적인 제도 개편으로 이어지지는 않았다. 관세 협상과 OBBBA 법안 처리 등 주요 정책 추진이 일단락된 상황이니 향후 미·중 무역 협상과 연계해 경제안보 조치의 정비가 이루어질 것으로 전망된다.

## 우경화로 결속 다진 공화당, '예산 조정' 카드 남았다

미국 정치 환경을 장기적 관점에서 보면, 공화당이 첫 대통령(링컨)을 배출한 37대 의회 이래 지금처럼 급격히 이념 양극화가 진행된 시기는 드물다. 의원들의 투표 행태를 기준으로 볼 때, 남북전쟁 시기(1861~1865년, 37~38대 의회)보다도 현재 민주당과 공화당의 이념적 간극이 더 크다고 평가할 수 있다.

이처럼 갈등이 심화한 이유는 민주당의 급진화보다는 공화당의 급격한 우경화에 있다. 급하게 핸들을 오른쪽으로 돌리면 따라오지 못하는 이탈자가 생기고 사분오열된 조직이 되기 마련이다. 공화당은 지난 118대(2023.1~2025.1) 의회에서 본인들이 추대했던 중도 성향의 캐빈 매카시 하원의장을 쫓아내고 진통 끝에 친트럼프 성향의 마이크 존슨을 새 의장으로 추대한 바 있다.

그러나 최근 공화당은 어느 정도 내부 정비에 성공한 모습이다. 현 119대 의회에서는 트럼프 2기 행정부의 대표 입법 성과인 OBBBA를 목표 기한인 독립기념일(7월 4일) 이전에 통과시켰으며, 단일대오를 유지하며 이전보다 높은 결속력을 보이고 있다.

반면 민주당은 내부 분열로 흔들리고 있다. 뚜렷한 구심점을 찾기 어려운 데다, 트럼프 행정부의 지출안 승인 과정에서도 이견이 노출되며 단합력이 약화하고 있다. 상원 소수당은 필리버스터를 통해 다수당의 독주를 견제할 수 있지만, 다수당에는 연 1회 예산 조정 절차를 통해 이를 우회할 권한이 있다. 공화당은 OBBBA를 통과시키며 첫 번째 기회를 사용했고, 2026년에 한 번의 기회를 더 활용할 수 있다. 다만, 민주당이 2026년 말의 중간선거에서 부진해 하원 다수당 지위를 되찾지 못한다면 트럼프에게 추가 입법 카드 두 장을 더 넘겨줄 수도 있는 위험한 국면이다. **E**

〈인공지능〉
# AI 발전과 신흥국의 상대적 성장 지연 가능성

"AI 활용에 따라 필연적으로 발생하는
알고리즘의 편향성과 투명성 부족 문제 해결해야"

**백진규**
국제금융센터 부전문위원

전문가들은 현재의 약인공지능(ANI) 단계에서
범용인공지능(AGI)을 거쳐 2050년까지 초지능(ASI)으로
발전할 것이라는 전망을 내놓고 있다.
초지능에서는 인공지능이 모든 분야에서
사람보다 월등하게 업무를 수행할 것이라고 한다.

이재명(가운데) 대통령이 울산 인공지능(AI) 데이터센터 출범식에서 참석자들과 함께 기념 세리머니에 참여하고 있다. [사진 연합뉴스]

**대형언어모델(LLM) 개발 등으로 생성형 인공지능(AI)이 보급되면서 우리의 생활 양식도 변화하고 있다.** 간단한 검색이나 단순 번역은 챗GPT에 물어보는 것이 당연해졌고 ▲안면 인식 ▲엑스레이(X-ray) 자동 판독 ▲자율주행 등도 점차 상용화되고 있다. 인공지능을 활용하여 콜센터 업무 효율이 14% 증가했다는 연구 결과도 있다.

전문가들은 인공지능이 현재의 약인공지능(ANI) 단계에서 범용인공지능(AGI)을 거쳐 2050년까지 초지능(ASI)으로 발전할 것이라는 전망을 내놓고 있다. 초지능에서는 인공지능이 모든 분야에서 사람보다 월등하게 업무를 수행할 것이라고 한다.

## AI, 전기처럼 필수재로 전환 중

일부에서는 AI 발전에 따른 산업구조 변화가 개인의 빈부 격차 뿐만 아니라 국가 간의 격차도 확대할 것이라는 우려도 나온다. 일부 국가에서는 무인 택시가 돌아다니는데, 지구 반대편에서는 인터넷 접속도 어려운 것이 현실이다. 과연 AI 발전의 혜택이 모든 국가에 고루 돌아갈 수 있을까.

앞으로의 AI 기술 발전도 가늠하기 힘드므로 이에 따른 경제 영향을 분석하는 건 더더욱 어려운 일일 것이다. 다만 국제통화기금(IMF)과 같은 주요 기관들은 최근 AI가 기업의 생산성과 자본의 효율성을 개선하면서 10년간 전 세계 성장률에 4~18%포인트(p)를 추가로 기여할 것이라는 전망을 내놓고 있다.

IMF는 총요소생산성(TFP), 즉 ▲기술 발전 ▲조직 혁신 ▲효율성 개선 등의 정도에 따라 경제 영향이 다를 것으로 봤다. AI를 실생활에 빠르게 접목하는 '높은 FTP 시나리오'에서는 향후 10년간 세계 성장률도 4%p 상승하겠으나, 반대로 관련 인프라 부족과 제도적 한계에 직면하는 '낮은 FTP 시나리오'의 경우 성장률 증가 폭이 1%p에 그칠 것으로 분석했다.

더욱 긍정적인 전망도 있다. 시장조사기관 인터내셔널데이터코퍼레이션(IDC)은 AI 관련 투자와 제품 및 서비스 구매로 전 세계 경제 규모가 20조 달러(약 2경 9174조 원) 확대될 것이라면서, AI에 투자하는 1달러는 전 세계 경제에 4.6달러의 가치를 창출할 것이라고 설명했다.

다국적 회계감사 기업 프라이스워터하우스쿠퍼스(PWC)도 AI가 향후 10년간 세계 성장률을 8%p 끌어올릴 것으로 내다봤다. IMF의 2025년 세계 성장률 전망치가 3%임을 감안하면 매우 큰 성과다.

전문가들은 생성형 AI 도입으로 일부 직업의 소멸이 불가피하나 AI 윤리 전문가, 프롬프트 엔지니어 등 새로운 일자리와 기회가 창출될 것이라고 설명한다. 현재 노동자의 60%는 1940년에 존재하지도 않던 직업에 종사하고 있다는 설명을 들으면 어느새 고개가 끄덕여진다.

AI의 활용이 컴퓨팅, 정보 서비스, 영상·음향 등에서 다양한 영역으로 확대되면서 자동화율을 25%가량 개선할 것이라는 분석도 나온다. 세계무역기구(WTO)는 AI 도입으로 공급망 전반의 거래 비용이 감소하면서 2040년까지 세계 교역이 14% 확대될 것으로 예상하고 있다. 더 나아가 아시아개발은행은 2050년까지 ▲환경오염 해결 ▲식량 안보 달성 ▲질병의 완벽한 치료 등이 가능할 수도 있다고 전망했다.

## 선진국-신흥국 성장 격차 우려

문제는 AI가 지역 간 성장 불균형을 더욱 심화할 수 있다는 점이다. IMF는 10년간 전 세계 성장률이 4%p 추가되더라도 지역별 증가율은 ▲미국 5.6%p ▲기타 선진국(한국·일본·캐나다 등의 12개국) 4.7%p ▲유럽 4.5%p ▲중국 3.5%p ▲신흥국(인도·브라질 등의 25개국) 3.1%p ▲저소득국가(방글라데시·캄보디아 등의 8개국) 2.8%p로 차이가 심화할 것으로 분석했다.

골드만삭스 역시 미국의 연간 성장률이 0.4%p, 기타 선진국이 0.3%p씩 추가로 성장하는 반면, 신

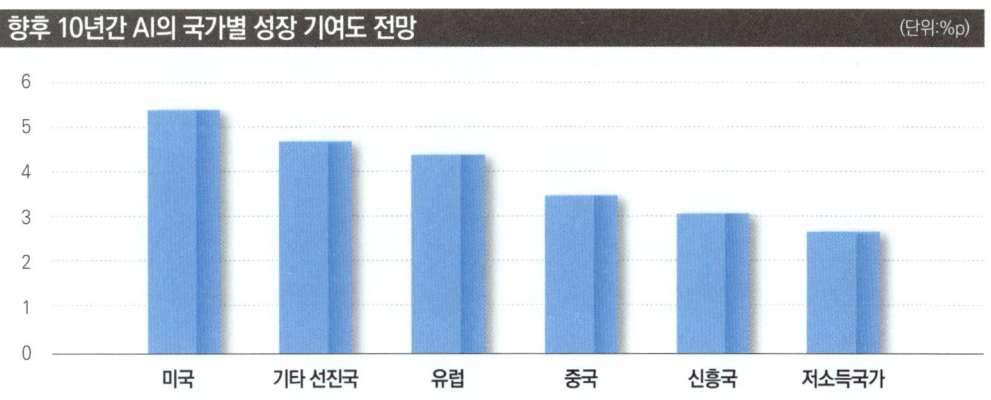

**향후 10년간 AI의 국가별 성장 기여도 전망** (단위:%p)

자료:IMF

흥국은 0.2%p 이하일 것으로 예상했다. 또한 선진국을 중심으로 순수출이 개선되면서, 10년 후에는 경상수지 변화 폭도 유럽 0.5%p, 미국 0.4%p, 신흥국 -1.0%p 등으로 상이할 것이라는 전망도 있다.

왜 이렇게 큰 격차가 발생할까. 먼저 기술력 측면에서 ▲미국 ▲중국 ▲유럽 등이 거대 자본력을 바탕으로 AI 기술을 선점하고 있다. 올해 미국은 4년간 5000억 달러(약 729조 원)를, 중국은 6년간 1조 4000억 달러(2041조 원)를 AI에 투자하겠다고 밝힌 반면, 신흥국은 ▲반도체 구매 ▲전력 대량 생산 ▲전문 인력 확보 등을 위한 자금이 부족해 기술력을 따라잡기 어렵다.

골드만삭스는 2035년에는 AI를 활용하는 자동화기업 비중이 ▲미국 73% ▲선진국 59% ▲신흥국 26~43%로 격차가 심화할 것으로 예상하고 있다. 기술도 결국 돈에서 나오는데 이미 출발점 자체가 다른 것이다.

활용도의 차이도 있다. AI를 통해 얼마나 업무 효율을 개선할 수 있는지, 즉 관련 노출도(exposure)가 얼마나 높은지도 경제 영향에서는 중요한 변수다. 선진국은 고부가가치 제조업과 디지털 산업 비중이 높아 AI를 활용할 여지가 많지만, 신흥국은 단순 농업과 제조업 종사자가 많아 동일한 기술력을 보유하더라도 생산성 개선이 지연될 수 있다는 설명이다.

또한 정책적으로도 선진국이 인공지능 관련 법적·제도적 장치 마련에 주력하는 반면, 신흥국은 혼란을 겪고 있는 점도 문제다. 유럽연합(EU)은 2024년 8월 포괄적 인공지능 규제법 'AI Act'를 마련하여 정보 조작 등의 범죄를 방지하고, 중국도 행정규제를 통해 AI 생성물에 라벨을 부착할 것 등을 지시하고 있다.

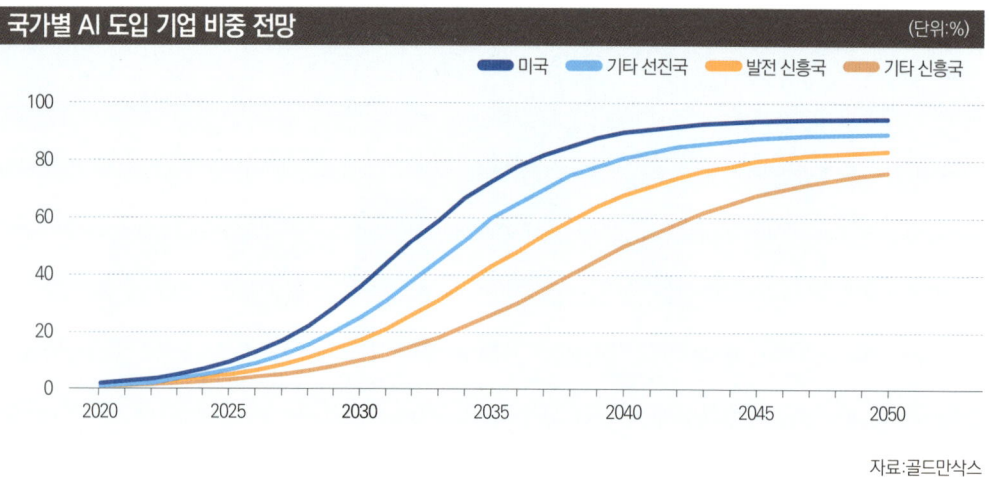

자료:골드만삭스

반면 신흥국은 데이터 보호 등의 가이드라인이 부족해 정보기술(IT) 기업들이 AI 기술 도입을 더욱 꺼리고 있다는 분석도 나온다.

## AI 격차 축소, 공동의 이익 위해 노력 필요

이기적인 의견이겠으나, 선진국 입장에서는 신흥국과의 AI 격차를 유지하는 게 더 유리하지 않을까. 하지만 전문가들은 AI의 특성상 인류 공동의 발전 노력이 어느 때보다도 중요하며 '나만 잘 살면 된다'는 접근이 더욱 큰 위기를 초래할 수 있다고 지적하고 있다.

AI 활용에 따라 필연적으로 발생하는 알고리즘의 편향성과 투명성 부족 문제를 해결하지 않으면 결국 ▲성별 ▲인종 ▲계층에 대한 차별이 확대되고 이는 새로운 리스크로 발전하게 된다. 정보의 다양성을 유지하기 위해서라도 신흥국의 AI 활용과 데이터 접근성을 확보해야 하는 것이다.

또한 IMF는 선진국-신흥국의 AI 격차가 심화할 경우, 신흥국의 성장률이 제한되면서 향후 10년간 전 세계의 추가 성장률도 4.0%p에서 3.5%p로 축소될 수 있다고 우려하고 있다.

다행히도 AI 기술 비용 하락과 신흥국의 활용도 증가 등이 격차를 일부 완화할 것으로 기대된다. 스탠퍼드 인간중심 인공지능연구소(Stanford HAI)는 대규모언어모델(LLM) 연구 비용이 기술 발전과 에너지 효율 개선 등으로 지난 2년간 동일 성능 기준 280분의 1까지 감소했다고 분석했다.

중국 딥시크의 경우 개발 비용이 600만 달러(약 87억 5000만 원)에 불과해 기존 빅테크의 수억 달러에 비해 훨씬 낮아 신흥국의 인프라 구축에도 기여할 전망이다.

스페이스X의 스타링크 서비스가 신흥국에 인터넷을 제공하여 디지털 격차를 해소한 것처럼, 주요 AI 기업의 오픈소스 공개도 확대되는 추세다. 일례로 미국의 비영리 조직 '레이디언트 어스 재단'(Radiant Earth Foundation)은 지구 관측을 통한 머신러닝 데이터를 공개하고 있다.

물론, 신흥국의 자체적인 노력이 무엇보다도 중요할 것이다. 캐피털 이코노믹스(Capital Economics) 등은 신흥국이 AI 교육·의료·행정 등 단기적 수익성이 높은 분야 위주로 투자하면서 디지털 인프라 구축과 인력 양성 등에 집중해야 한다고 조언하고 있다. **E**

# CHAPTER 2 세계 경제 흔들 결정적 변수들

# 세계 통화 질서 흔드는 디지털 화폐

2026년 달러 단일 패권의 균열이 시작된다
금융시장 구조 변화…핀테크 성장 촉진·통화 정책 영향

**김충화**
한국은행 국장

각국은 혁신의 속도에 뒤처지지 않으면서 금융 안정과
통화주권을 동시에 지킬 균형 있는 전략을 마련해야 한다.
디지털 화폐 시대의 승자는 단순히 기술을 보유한 국가가 아니라
변화의 리스크를 관리하고 신뢰를 제도화할 수 있는
국가가 될 것이다.

인류 문명사에서 화폐는 언제나 시대 변화를 가장 민감하게 반영해 왔다. 물물교환에서 금속 화폐로, 금본위제에서 신용 화폐로, 다시 현금에서 전자지급 수단으로의 전환은 단순한 결제 기술의 발전이 아니라 사회적 신뢰 체계의 재구성을 의미했다. 화폐는 언제나 '신뢰의 매개'로서 인간 사회의 조직 원리를 비추는 거울이었으며 그 형태가 바뀔 때마다 문명의 질서 또한 변모했다. 이제 우리는 또 한 번의 전환기에 서 있다. 디지털 화폐가 주도하는 이번 변화는 단순한 기술 혁신을 넘어 국가가 독점해 온 화폐 주권의 경계를 허물고 새로운 신뢰 질서를 모색하는 거대한 흐름이다. 2025년 말 현재 중앙은행의 발권력은 민간 암호자산과 스테이블코인의 확산으로 흔들리고 있다. 국경을 초월한 디지털 결제 네트워크의 성장은 근대 이후 국가 주권을 기반으로 유지되어 온 화폐 질서가 근본적으로 재편되고 있음을 예고하고 있다.

## 구조적 변곡점 맞아⋯중국·유럽 중앙은행의 움직임

특히 주목할 점은 달러 중심 국제통화체제가 구조적 변곡점을 맞이하고 있다는 사실이다. 브레튼우즈 체제는 1971년 금태환 정지로 사실상 붕괴했지만 달러는 석유 거래(페트로달러)와 글로벌 금융시장을 통해 기축통화 지위를 공고히 유지해 왔다. 그러나 최근 블록체인 기반 결제 인프라의 급속한 발전은 국제은행간통신네트워크(SWIFT) 등 기존 국제 결제망을 대체할 잠재력을 드러내고 있다. ▲24시간 실시간 결제 ▲낮은 수수료 ▲투명한 거래 기록은 기존 국제 결제 시스템의 한계를 여실히 드러내며 화폐의 기술적·제도적 기반을 근본적으로 재검토하게 만들고 있다.

이러한 변화에 대응해 일부 중앙은행은 중앙은행 디지털 화폐(CBDC)를 적극 추진하고 있다. CBDC는 중앙은행의 발권력을 디지털 시대에 맞춰 유지하고 통화주권을 확보하기 위한 전략적 수단으로 자리 잡고 있다. 중국은 디지털 위안화를 '일대일로'(一帶一路) 구상과 연계해 위안화의 국제

**스테이블코인 전송액 현황** (단위:달러)

27조 6000억 — 스테이블코인 연간 전송액 > 25조 7000억 — 비자(VISA)·마스터카드(Mastercard)의 합산 연간 결제액

*2024년 기준

자료:코인글래스 등 국제 통계

적 영향력 확대를 도모하고 있다. 유럽중앙은행(ECB)은 '디지털 유로 프로젝트'를 통해 개인정보 보호와 금융주권을 핵심 가치로 내세우며 제3의 균형 모델을 모색하고 있다. 반면 미국은 트럼프 행정부가 CBDC 도입에 부정적 입장을 보이는 가운데 민간 주도의 스테이블코인 시장을 제도권으로 편입하는 방식으로 '디지털 달러 패권'을 강화하는 전략을 택하고 있다.

## 금융 생태계 변화 핵심 '스테이블코인'

CBDC와 민간 디지털 자산이 공존하는 새로운 금융 환경 속에서 비트코인과 이더리움이 높은 변동성으로 주목받는 반면 실제 글로벌 금융 생태계를 변화시키는 핵심 동력은 스테이블코인이다. 테더(USDT)와 서클(USDC) 등 달러 연동형 스테이블코인은 이미 국경 간 결제와 탈중앙화 금융(DeFi)의 주요 인프라로 자리 잡았다. 시장 규모는 2018년 1월 약 11만 달러 수준에서 2025년 9월 약 2960억 달러로 폭발적으로 성장했으며, 이 중 미 달러화 연동 스테이블코인이 전체의 99% 이상을 차지한다. 코인글래스 등 국제 통계에 따르면 2024년 기준 스테이블코인의 연간 전송액은 27조 6000억 달러로 비자(VISA)와 마스터카드(Mastercard)의 합산 연간 결제액 25조 7000억 달러를 넘어선 것으로 평가된다. 특히 경제 불안이나 고인플레이션을 겪는 국가인 아르헨티나·베네수엘라 등과 외화 접근성이 낮은 지역인 멕시코·케냐 등에서는 전체 소액 결제에서 스테이블코인이 차지하는 비중이 이미 약 35~75%에 달할 정도로 활용도가 높다.

스테이블코인의 확산은 단순히 신흥국의 금융 대체 수단을 넘어 각국이 디지털 금융 전략을 재편하는 계기가 되고 있다. 흥미로운 점은 이러한 경쟁이 기존 강대국을 넘어 소규모 국가들로까지 확산하고 있다는 사실이다. ▲엘살바도르의 비트코인 법정통화 실험 ▲아랍에미리트의 암호화폐 허브 전략 ▲스위스의 '크립토 밸리'(Crypto Valley) 조성은 국가 규모와 무관하게 금융 혁신의 실험장이 될 수 있음을 보여준다. 또한 사우디아라비아 등 일부 산유국의 디지털 결제 인프라 실험은 석유 거래의 디지털화, 즉 '포스트 페트로달러'(Post-Petrodollar) 체제의 가능성을 암시한다.

## 금융 질서 전환기…달러 패권의 균열

2026년 세계 경제는 디지털 화폐의 본격적 확산과 기축통화 질서의 다극화가 동시에 전개되며 새로운 금융 질서로의 전환기를 맞이할 전망이다. 스테이블코인과 각국의 CBDC는 이 변화의 핵심 동력으로 작용하며 글로벌 금융시장과 통화 정책의 패러다임을 근본적으로 바꿀 것이다. 특히 달러 연동 스테이블코인은 2026년 글로벌 결제 시스템의 주요 인프라로 자리 잡을 가능성이 크다. 시장조사에 따르면

디지털 화폐가 주도하는 변화는 국가가 독점해 온 화폐주권의 경계를 허물고 새로운 신뢰 질서를 모색하는 거대한 흐름이다. [사진 연합뉴스]

스테이블코인의 시장 규모는 약 7500억 달러에 이를 전망이다.

이러한 변화 속에서 2026년은 달러 패권의 약화와 재강화가 공존하는 역설적 국면이 될 것으로 전망된다. 미국의 국가 부채가 37조 달러를 돌파하고 국내총생산(GDP) 대비 부채 비율이 120%를 넘어서는 현 상황은 달러의 장기적 신뢰를 훼손할 가능성이 높다. 이에 따라 시장 일각에서는 글로벌 외환보유액에서 달러 비중이 현재 58% 수준에서 점차 하락해 약 50% 선까지 내려갈 것으로 전망하고 있다.

그러나 역설적으로 달러 연동 스테이블코인의 전 세계적 확산은 미국의 통화 영향력을 오히려 디지털 영역에서 강화시킬 가능성이 크다. 미국은 스테이블코인 제도화를 통해 달러 기반 결제와 거래의 글로벌 점유율을 확대하고 준비자산으로 편입되는 미국 국채 수요를 늘리며 새로운 형태의 화폐주조이익(seigniorage)을 확보할 것으로 예상된다. 이처럼 전통적 결제망을 우회하면서도 달러 생태계 안에 머무는 복합적 구조는 향후 디지털 시대의 새로운 '달러 헤게모니'로 진화할 가능성을 내포하고 있다.

2026년에는 달러 단일 패권 시대가 마무리되고 다극적 화폐 질서가 자리잡아 갈 것으로 보인다. [사진 연합뉴스]

이에 대응해 유럽·중국 등 주요국은 자국 통화 기반의 스테이블코인과 CBDC 확산을 가속화하고 달러 연동 디지털 자산에 대한 규제를 강화할 가능성이 높다. 중국의 디지털 위안화 국제화 전략과 유럽의 디지털 유로 프로젝트는 달러 중심 체제에 대한 가장 구체적이고 제도적인 도전으로 평가된다. 그 결과 세계 경제는 점차 달러·유로·위안화 블록으로 분화되고 디지털 자산이 이들 사이의 결제 매개로 기능하는 복합적 다층 구조가 형성될 것으로 보인다.

## 금융 패러다임을 흔든다…각국 전략 마련해야

이러한 주요국 간 통화 경쟁의 심화는 거시경제를 넘어 금융시장 구조에도 실질적인 변화를 가져올 전망이다. 스테이블코인 발행의 확대는 준비자산의 금융기관 예치 및 단기 국채 투자로 이어져 자금시장의 유동성 구조에 실질적 영향을 미칠 수 있다. 또한 스테이블코인의 제도화와 디지털 결제 확산은 핀테크·블록체인 산업의 성장을 촉진하고 탈중앙화 금융(DeFi)에 대한 접근성을 높여 개인투자자의 금융 참여를 확대할 것이다. 그러나 이 과정에서 ▲시장 변동성 확대 ▲시스템 리스크 ▲자금세탁 및 불법자금 이동 등 새로운 규제 과제도 함께 대두될 가능성이 매우 높다.

금융시장의 변화는 통화 정책에도 직접적인 영향을 미친다. 특히 신흥국의 경우 달러 연동 스테이블코인 선호가 커질수록 중앙은행의 금리 정책과 유동성 조절 기능이 제약을 받을 가능성이 높다. 통화 정책의 전달 경로가 약화하고 자본 유출입 통제나 외환시장 안정화 같은 전통적 정책 수단의 실효성이 감소할 수 있다. 이에 따라 각국 중앙은행은 통화 정책의 유효성을 유지하기 위한 새로운 수단을 모색해야 하며 디지털 화폐 시대에 부합하는 거시건전성 규제 및 통화 관리 체계를 재설계해야 하는 과제에 직면하게 될 것이다.

결론적으로 2026년은 달러 단일 패권 시대가 마무리되고 다극적 화폐 질서 속에서 달러가 '우위 통화 중 하나'로 점진적으로 재조정되는 해가 될 전망이다. 달러·유로·위안화 등 기존 기축통화와 함께 스테이블코인·비트코인·각국의 CBDC가 공존하는 복합적 화폐 생태계가 자리 잡아갈 가능성이 높다. 이러한 다층적 질서 속에서 핵심 과제는 어느 국가가 기술 혁신과 정책 신뢰를 결합해 새로운 금융 패러다임을 선도하느냐에 달려 있다. 디지털 화폐 전환은 이미 진행 중이며 2026년은 그 변화가 제도와 정책 차원에서 가시화되는 원년으로 기록될 것으로 보인다. 따라서 각국은 혁신의 속도에 뒤처지지 않으면서 금융 안정과 통화주권을 동시에 지킬 균형 있는 전략을 마련해야 한다. 디지털 화폐 시대의 승자는 단순히 기술을 보유한 국가가 아니라 변화의 리스크를 관리하고 신뢰를 제도화할 수 있는 국가가 될 것이다. **E**

# CHAPTER 2   세계 경제 흔들 결정적 변수들

# 탈탄소 전환, 기회일까⋯한국 경제의 전환점

2030~2050 탄소감축 목표가 불러올 산업·물가·고용 충격 분석
배출권거래제·좌초자산·정의로운 전환⋯비용과 신산업 기회 함께 본다

**유종현**
서울대 행정대학원 교수

탄소감축은 경제 전반의 위험프리미엄과 자본조달 비용을 낮추고
장기 성장잠재력에 대한 하방 압력을 약화시키는
경제적 편익을 가져올 것으로 예상된다.

2025년 10월 벨기에 브뤼셀에서 열린 유럽연합 집행위원회 주간 회의 이후 관계자들이 전 세계적 기후 및 에너지 비전을 제시하는 기자 회견을 하고 있다.
[사진 EPA/연합뉴스]

**파리협약·탄소중립·국가결정기여(NDC)와 같은 기후목표를 달성하기 위한 탈탄소 경제로의 이행은 다양한 종류의 경제적 영향(주로 비용)을 수반한다.** 이는 거의 모든 경제 활동에 에너지 소비가 수반되고, 현시점에서 탄소 배출을 야기하는 화석연료가 여전히 주요 에너지원이기 때문이다. 한국은 2018년 배출량 대비 40% 감축을 목표로 한 2030년 NDC 달성을 위해 향후 5년간 다양한 탄소감축 정책을 추진하고 있으며, 이에 따라 단기적으로(향후 5년) 다양한 경제적 영향이 나타날 것으로 예상된다. 장기적으로는 2030년보다 대폭 확대된 감축이 요구되는 2050년 탄소중립 목표 달성 과정에서 더욱 큰 규모의 경제적 영향이 발생할 것이다.

　산업계에서는 이러한 탄소감축 정책에 상당한 난색을 표하고 있는데 이는 탄소감축 목표가 강력할 뿐만 아니라 달성 기한도 촉박하기 때문이다. 다음 그래프는 2020년을 기준으로 과거 30년의 배출량(실측)과 향후 30년의 감축 계획을 보여준다. 한국은 과거 30년 동안 고탄소 산업을 포함한 제조업의 성장, 전력 소비 증가 등으로 경제협력개발기구(OECD) 국가 중 2~3번째로 빠른 온실가스 배출 증가 속도를 보였다. 2050년 탄소중립을 위해서는 과거 30년간 매우 가팔랐던 배출 증가 속도보다 더 빠른 속도로 향후 30년간 탄소 배출을 감소시켜야 한다. 이와 같은 짧은 기간 내의 대규모 탄소감축의 실현은 경제적으로 많은 영향을 야기하며, 이를 직접 실현해야 하는 산업계의 입장에서는 여러 우려를 표명하고 있다. 예컨대 최근 2035년 국가 감축 목표(2035 NDC) 설정 논의에서 우리나라 온실가스 배출의 약 16%를 차지하는 철강업계는 이같은 목표 달성을 위한 핵심 기술인 수소환원제철의 도입이 2037년에나 가능하다는 점을 들어 우려의 목소리를 높이고 있다.

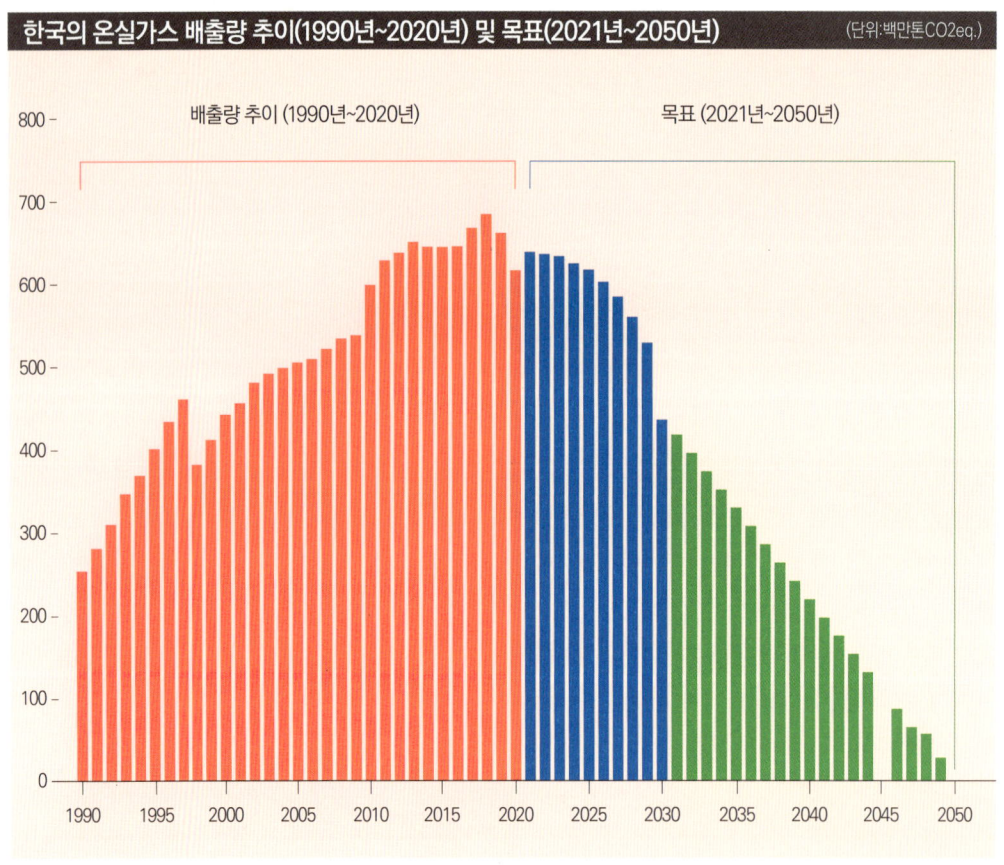

**한국의 온실가스 배출량 추이(1990년~2020년) 및 목표(2021년~2050년)** (단위:백만톤CO2eq.)

배출량 추이 (1990년~2020년)　　　목표 (2021년~2050년)

자료:배윤서·유종현(2025)

## 단기 비용의 현실…산업·가계 전반에 충격

탈탄소화에 따른 경제적 비용은 다음과 같은 분야에서 발생한다. 먼저, 탈탄소 정책을 준수하면서 탄소 배출량에 따라 발생하는 산업 및 기업의 비용이다. 예를 들어 탄소 배출권을 거래하는 배출권거래제는 대표적인 탈탄소 정책으로, 2026년에 시작되는 4기(2026~2030년)에서는 정부의 감축 경로에 맞춰 유상할당 비율을 확대함에 따라 배출권 시장 기능을 강화하는 방향의 개편이 이어질 것으로 예상된다. 장기적으로 배출권의 시장 가격은 지속적으로 상승할 것으로 예상되는데, 2050년 탄소중립 달성 시기까지 지속해서 상당 규모의 탄소감축이 이뤄져야 하기 때문이다. 배출권거래 부담은 배출량에 비례하기 때문에 철강·석유화학·시멘트·운송업 등 고탄소 산업에서 관련 비용 부담이 더욱 늘어나며, 장기적으로 본 제도가 강화될수록 이러한 부담은 커질 것이다. 철강산업계에서는 4기 배출권거래제로 배출권 시장 가격이 3배로 상승할 경우 대표적 철강기업인 포스코와 현대제철 양 사에서만 연간 6000억 원의 추가 구매비용이 발생할 것으로 추정하고 있다.

둘째, 탈탄소화에 따른 경제적 비용은 고탄소 기업뿐 아니라 가계를 포함한 경제 전 부문에 파급된다. 거의 모든 경제 활동이 에너지에 의존하기 때문에, 배출권거래제를 비롯한 탄소 배출 규제는 화석연료뿐 아니라 이를 사용하는 전력과 같은 2차 에너지의 가격을 상승시켜 생산 비용과 최종재 가격을 끌어올리고, 결과적으로 전반적인 물가 상승을 초래할 수 있다. 러시아~우크라이나 전쟁으로 인한 천연가스 가격 급등이 광범위한 물가 상승으로 이어졌던 사례는 이러한 메커니즘을 시사한다. 한국경제인협회(2025)는 최근 논의되는 4기 배출권거래제 계획이 전기 요금을 상승시켜 제조업의 전기 요금이 연간 약 2조 5000억 원 증가하고, 업종별로는 ▲전자·통신 5492억 원 ▲화학 4160억 원 ▲1차금속 3094억 원 ▲자동차 1786억 원이 증가할 것으로 추정했다. 한국은행도 2050 탄소중립 달성을 위한 탄소 가격이 산업 전반의 비용을 높이고 전·후방 연관 효과를 통해 2040년까지 생산자물가가 연평균 0.4%포인트(p) 내외 상승할 수 있다고 추정한다.

셋째, 저탄소 경제로의 이행은 상대적으로 고탄소 경제의 쇠퇴를 유발하고 이에 따라 ▲산업 도태 ▲고용 감소 ▲지역 경제 약화 등의 영향이 나타날 수 있다. 예를 들어, 대표적인 탄소감축 정책인 석탄발전 퇴출은 동 산업과 관련 전후방 산업의 퇴출을 유발해 관련 종사자 실직 및 산업이 위치한 지역 경제의 위축을 초래할 것으로 전망된다. 이는 국내에서 경험한 과거 광산업 쇠퇴의 결과와 유사하다. 이러한 부작용에 대처하기 위해 정부는 '정의로운 전환' 정책으로 ▲신산업 육성 ▲실직 노동자 재교육 ▲지역 경제 활성화 계획 등 다양한 자본 투입을 계획하고 있으나, 단기적으로는 상당한 비용이 불가피할 것으로 예상된다. 또한 탈탄소 전환 과정에서 좌초하는 화석연료 관련 인프라, 고탄소 산업 설비, 건축물 등의 좌초자산은 기업의 재무건전성을 약화하고 관련 금융 손실을 일으키는 등 추가적인 비용이 뒤따를 수 있다. 일부 연구(이원종 외·2023)에서는 국가 온실가스 감축 계획에 따라 2036년까지 좌초될 석탄발전 자산 규모를 약 3조 9000억 원으로 추정했다.

넷째, 탈탄소화는 보이지 않는 기회비용도 발생시킨다. 탈탄소화를 위한 자본과 노동의 투입은 다른 부문의 자본과 노동 기회를 제약하는 것이기도 하다. 예를 들어, 고탄소 산업계에는 저탄소화 기술 투자를 증가시키지만 그만큼 다른 분야의 기술 투자는 감축하게 되며, 저탄소화를 위한 노동 투입은 다른 부문의 노동력 감소를 의미한다. 국가적으로도 저탄소화를 위한 예산 확대는 다른 사회적 과제에 대한 상대적 예산 축소를 수반할 수 있다. 국가 경쟁력 측면에서도 저탄소 산업은 발전할 수 있으나 고탄소 산업은 상대적으로 약화되며, 이는 탄소 규제가 상대적으로 낮은 국가로 고탄소 산업이 이전하는 탄소누출 효과를 초래할 수 있다.

이러한 다양한 부문의 비용을 합산해 거시경제적 영향을 추정하는 일은 쉽지 않으며, 연구마다 상이한 추정치를 제시하고 있다. McKinsey(2022)에 따르면 2050년 순배출 제로 시나리오를 달성하기 위해 2021~2050년 동안 전 세계에서 연평균 약 9조 2000억 달러의 물적 자산 지출이 필요하며, 이는 같은 기간 세계 국내총생산(GDP)의 평균 약 7.5%에 해당한다. 이러한 영향을 우리나라로만 한정 지을 경우, 2022~2030년에 연평균 GDP의 약 3.6%, 2031~2050년에는 약 1.4% 규모의 투자가 필요할 것으로 추정된다.(PERI, 2022) 결론적으로 다양한 추정치가 존재하지만 탈탄소화 정책은 고탄소 산업을 비롯한 경제 전반에 상당한 비용을 초래할 것으로 예상된다.

## 기회로의 전환…신산업 성장과 장기 편익

그럼에도 불구하고 탈탄소화는 경제에 새로운 기회와 편익 역시 창출할 것으로 전망된다. 먼저, 탈탄소화는 새로운 기술 투자를 촉진하고 이는 장기적으로 국가 경제에 이득이 될 것으로 예상된다. 비록 탈탄소화 초반에는 단기적으로 에너지 시스템 전환이나 청정기술 투자 등으로 인해 경제적 편익보다는 비용이 발생할 것으로 예상되지만, 장기적으로는 이러한 투자가 효율성 및 생산성 향상을 통해 순편익을 창출할 수 있을 것으로 전망된다. 또한, 탈탄소화는 재생에너지 및 배터리 산업, 에너지효율화 산업, 저탄소 생산 산업(운송·건설·농업 등) 등 신산업 발전의 기회를 제공한다. 이러한 신산업에 앞으로 국가적, 금융적으로 더 많은 자본이 투입될 것으로 예상되며, 해당 산업 및 노동시장에 전례 없는 성장의 기회를 제공할 것으로 기대된다. 이는 특히 저성장 시대에 진입할 것으로 예상되는 국내 경제 상황에 새로운 경제 성장 동력으로 작동할 수 있다.

미국 애리조나주에 설치된 HD현대에너지솔루션의 고출력 태양광 모듈 모습. [사진 HD현대]

마지막으로, 탈탄소화는 폭염·집중호우·태풍 등 극한기후의 발생 빈도와 강도를 낮춰 생산 중단과 물류 차질, 도로·철도·항만·주거 등 사회기반시설과 자산의 파손 및 복구·보험 비용을 감소시킬 것으로 전망된다. 이와 같이 탄소감축은 경제 전반의 위험프리미엄과 자본조달 비용을 낮추고 장기 성장 잠재력에 대한 하방 압력을 약화하는 경제적 편익을 가져올 것으로 예상된다. ▣

# 한국 경제 향방

CHAPTER 3

# 이재명 정부 2년…어둡고 긴 터널의 끝이 보인다

수출 침체, '완만한 내수'로 상쇄 가능할까…2% 성장도 '미지수'
'4년 주기 위기설'과 AI 버블…'더블딥' 블랙 스완 가능성 상존

**주원**
현대경제연구원 경제연구실장

시간이 갈수록 어디에선가 금융 위기나 재정 위기가
재현될 가능성이 점증하는 것은 분명해 보인다.
이러한 체계적 위험에 근거한 비관적 시나리오가 현실화된다면
한국 경제는 영원히 어두운 터널에 갇힐 수 있다.

이재명 대통령이 2025년 10월 경북 경주박물관에서 열린 한미 정상회담에서 발언하고 있다. [사진 연합뉴스]

**2026년 병오년(丙午年)은 한국 경제가 코로나19 팬데믹 위기 이후의 장기 침체를 벗어나는 사실상의 첫해가 될 가능성이 높다.** 옛사람들이 병오년을 열정과 활력이 넘치는 해라고 말해왔던 바 그대로 경제에 따뜻한 온기와 활력이 넘치기를 기대해 본다. 그러나 한국 경제를 둘러싼 여건들을 살펴보면, 크게 좋아질 부분은 많지 않은 가운데 경제 성장의 발목을 잡을 불안 요인들도 여전히 존재한다.

기조적으로는 2026년의 경제 상황은 2025년보다 나아질 가능성이 높다. 2025년이 한국 경제사 중 손꼽을 정도의 불황 국면이었기 때문이다. 즉, 병오년의 한국 경제가 더 나빠지는 것이 오히려 이상하다.

## 대내외 시장 여건 불확실성 높지만

2026년 한국 경제를 둘러싼 대외 여건을 가늠해 보면, 가장 우려스러운 부분은 역시 트럼프 행정부의 통상 정책이다. 국제통화기금(IMF) 통계에 따르면 한국의 수출의존도는 2024년 기준 36.6%로 주요 20

이창용(왼쪽) 한국은행 총재와 크리스토퍼 월러 미국 연방준비제도(연준·Fed) 이사가 2025년 6월 서울 중구 한국은행 별관에서 열린 '2025 BOK 국제콘퍼런스'에서 다양한 통화 정책 이슈를 주제로 대담하고 있다. [사진 연합뉴스]

개국(G20) 국가 중 가장 높은 수준을 기록했다. 한국 경제는 말 그대로 수출이 살아야 경제가 산다.

그러나 2025년부터 급격하게 악화된 세계 교역 환경이 개선될 가능성은 높지 않다. ▲통상 압박 ▲경제 블록화 ▲공급망 불안 등이 지속되면서 오히려 보호무역주의가 한층 더 강화될 가능성마저 있다. 이에 따라 2026년의 세계 경제는 여전히 저성장 국면에서 벗어나지 못할 것으로 보인다. 하지만 세계 경제가 미국발 관세전쟁에 어느 정도의 내성이 생기면서 1930년대의 대공황 같은 최악의 시나리오가 현실화되지는 않을 것이다.

글로벌 금융시장은 보다 완화적인 방향으로 전개될 가능성이 높다. 연방준비제도(FED)의 금리 인하 가속으로 금융시장에 유동성이 확대되는 것은 긍정적인 신호다. 특히, 원/달러 환율은 글로벌 달러화 약세의 영향을 받아 시간이 갈수록 하락(원화 강세)하는 추세가 예상된다. 국제 유가와 원자재가는 세계 경제의 저성장에 따른 시장 수요 위축으로 약세 압력이 높아질 것으로 예상된다. 원자재 수입의존도가 높은 한국 경제에는 희소식이다.

대내적으로 재정 정책은 경기 친화적이다. 정부 예산안을 기준으로 보면 재정 정책은 적극적인 확장 기조를 가지기 때문에 경기 회복의 추동력이 필요한 한국 경제에 도움이 될 것이다. 물론 중장기 재정 건전성 악화는 분명히 문제가 있다. 그러나 2026년에만 한정한다면 재정 정책의 기조는 성장률을 높이는 영향을 미칠 것이다.

재정과 더불어 거시 경제 정책의 중요한 축인 통화 정책도 완화적인 방향을 유지할 것으로 보인다. 한미 간 금리 역전 폭을 줄여야 하는 한국은행의 입장에서 금리 인하 속도는 빠르지 않을 것으로 보인다. 특히, 부동산 시장과 가계부채 이슈에 매몰되어 있는 한국은행 금융통화위원회의 성향상 매파적 기조를 버리는 게 쉽지 않다. 이에 따라 소극적인 통화 정책이 예상되며, 이는 재정 정책의 경기 진작 효과를 반감할 가능성이 높다.

## 완만한 내수 회복, 수출 부진을 보완

경제 성장을 견인하는 주요 부문을 보면 먼저 소비는 가계 심리의 개선세가 실제 소비 회복으로 이어질 것으로 예상된다. 다만, 소비 여력 측면에서 보면 공급 측 인플레 압력 둔화로 물가 상승률은 하락하겠지만, 물가 수준 자체는 여전히 높아 실질 구매력의 개선은 더딜 것으로 보인다.

구매력의 원천을 제공하는 고용시장은 대표 통계인 실업률이 안정적 모습을 보일 것이다. 산업별로 보면 상대적으로 좋은 일자리인 제조업과 건설업에서의 고용 회복이 지연될 것으로 보인다. 이를 서비스업에서 흡수하는 불안정한 노동시장 구조가 이어질 가능성이 높다. 특히 경제의 고용 창출력이 여전히 약하기 때문에 청년 고용 절벽은 지속될 것으로 예상된다. 이에 고용시장의 전반적인 질적 개선은 더딜 것으로 보여 가처분 소득이 크게 높아지기는 어렵다고 판단된다. 특히, 국내외 시장 여건 전반의 불확실성이 여전히 높기 때문에 코로나19 팬데믹 이후 트렌드가 된 절약적 소비(precautionary saving)가 지속될 것이다. 이런 환경에서 소비의 회복 강도는 기대치에 미치지 못할 것으로 예상된다.

설비투자는 금리 하락에 따른 자본조달 여건 개선으로 일정 부분 회복될 것으로 예측된다. 다만 교역보다 현지 생산 위주의 공급망 변화가 더 견고해질 가능성이 높기에 국내 투자가 크게 확장되기는 어려울 것이다. 그나마 인공지능(AI)으로 대변되는 디지털 전환이 시장의 중요한 현안이기 때문에 일부 대기업을 중심으로 정보기술(IT) 인프라 투자는 지속적으로 확충될 가능성이 높다.

건설투자는 충분하지 않지만 금리 인하가 건설업 내 자금 운용에 숨통을 트이게 해 줄 것이다. 나아가 주택 공급 부족에 따른 시장 수요 증가로 수주와 착공이 점차 늘어날 것이다. 이에 따라 건설시장은 2021년 이후 장장 5년 연속 지속되던 투자 감소세에서 벗어날 것으로 전망된다. 다만 시장에서 기대하는 정부의 대규모 공공 주택 발주 계획은 현실적으로 절차상 많은 시간이 필요하기에 2026년만 놓고 보면 건설 경기 회복에 큰 도움이 되기는 어려워 보인다. 특히, 주택담보대출에 대한 금융 규제로 시장의 정상화 속도는 제약적인 수준에 그칠 것이다.

마지막으로 수출 여건은 더 악화할 가능성이 높다. 미국 시장에 대한 수출 통로가 좁아지는 상황이지만, 우리 기업들의 노력 덕분에 전반적으로 수출 경기는 경제 위기 때와 같은 불황 수준은 아닐 것으로 기대해 본다. 다만, 트럼프 행정부가 정권의 명운이 달린 11월 중간선거를 앞두고 있어 정치적 지지율을 끌어올리기 위해 보다 강력한 통상 압박 수단을 들고나올 가능성이 높다. 이로 인해 새로이 시작되는 2차 관세전쟁이 글로벌 시장에 큰 충격을 준다면 한국의 수출 경기는 심각한 상황에 처할 가능성을 배제할 수 없다.

## 상저하고의 경기 추세⋯더블딥 가능성 상존

2026년 한국 경제는 미약하지만 내수 회복이 외수(수출) 침체를 상쇄하면서 상저하고의 완만한 경기 회복 추세를 보일 것으로 전망된다. 경제 지표가 평균적인 수준으로 회귀하려는 본능적인 힘을 가지기 때문에 경제 성장률은 2025년 1% 내외에서 2026년에 잠재 성장률 수준인 1%대 후반에서 2%대 초반 내의 범위로 상승할 것이다. 1%대와 2%대를 가르는 관건은 2024년 기준 국내총생산(GDP)의 48.5%를 차지하는 민간소비의 회복 강도와 그동안 경제 성장률을 잠식했던 건설투자의 반등력에 달려 있다.

예상되는 시장 여건을 감안하면 2026년 연간 경제 성장률이 2%를 넘어서기는 쉽지 않아 보인다. 다만, 재정 정책과 통화 정책이 손발을 맞추면서 시너지 효과를 통해 내수 경기의 활력을 가속화해 고용의 질을 높일 수 있다면 2%를 달성할 가능성도 기대해 본다.

확률은 높지 않지만 블랙 스완(black swan·발생 가능성은 거의 없지만 현실화되면 세계 경제가 큰 위기에 빠지는 리스크 요인)에 따른 더블딥 가능성도 배제할 수는 없다. 우연의 일치지만 경제위기는 4년마다 돌아온다. ▲2008년 글로벌 금융 위기 ▲2012년 유럽 재정 위기 ▲2016년 중국 경착륙 ▲2020년 코로나 팬데믹 위기가 그것이다. 이후 오랫동안 세계 시장에 뚜렷한 경제 위기는 없었다. 마치 지각판 사이에 힘이 쌓이는 응력(應力·stress)이 한계를 넘어설 경우 대지진이 발생하는 것처럼, 어쩌면 우리가 모르는 사이 엄청난 세계 경제 위기가 다가오고 있는지 모른다.

한 가지 예로 지금 글로벌 시장을 지탱하는 힘은 실물 펀더멘털(기초체력)의 회복이 아니라 버블론

경기도 평택항에 수출용 자동차가 세워져 있는 모습. [사진 연합뉴스]

이 대두되는 인공지능(AI)과 과잉 유동성이다. 이에 따라 국가 간·섹터 간 성장의 불균형은 점점 심화하고 있다. 시간이 갈수록 어디에서인가 금융위기나 재정 위기가 재현될 가능성이 점증하는 것은 분명해 보인다. 이러한 체계적 위험에 근거한 비관적 시나리오가 현실화된다면 한국 경제는 영원히 어두운 터널에 갇힐 수 있다. **E**

# CHAPTER 3 한국 경제 향방

# 관세 협상 타결, 한국 수출 재도약 알리는 서막

한미 관세 협상, 국내 수출 판도 바꿀 가능성 커
공급망 안정 및 가격경쟁력 강화 등 이점

**김수동**
산업연구원 글로벌경쟁전략연구단 단장

미국 등 주요국은 다양한 비관세 장벽을 운영하고 있고,
대미 투자와 관련해서도 여전히 불확실성이 남아 있다.
지금의 합의가 새로운 성장의 발판이 될 수 있을지는
우리가 얼마나 빠르게 이 기회를 산업 전략으로
전환하느냐에 달려 있다.

**2025년 10월 29일, 한국과 미국이 오랜 줄다리기 끝에 관세 협상에 최종 합의했다.** 핵심은 자동차 관세를 기존 25%에서 15%로 낮추고, 반도체에 대해서는 대만과 동일한 수준의 관세 대우를 확보한 것이다.

항공 부품과 일부 의약품, 미국 내 생산이 불가능한 원자재에는 무관세가 적용된다. 대신 한국은 총 3500억 달러 규모의 대미 투자를 약속했는데, 그중 1500억 달러는 '미국 조선산업 부흥'(MASGA) 협력 프로젝트로 배정된다. 환율 급등 등 시장 불안 시 투자 집행을 조정할 수 있는 조항도 포함됐다.

이 합의는 단순히 관세율을 조정한 것에 그치지 않는다. 2025년 9월 기준, 한국의 수출은 반도체와 자동차의 호조로 사상 최대치를 기록했지만, 대미 수출은 관세 부담 탓에 다소 제약을 받아왔다. 이번 협상은 이러한 구조적 제약을 풀어주며, 2026년 우리 산업의 수출 판도를 근본적으로 바꿀 가능성이 크다.

## 관세 협상 타결이 가져올 효과

이번 협상은 세 가지 차원에서 한국의 수출 경쟁력에 의미 있는 변화를 가져온다. 첫째, 가격 경쟁력의 즉각적인 개선이다. 자동차 관세가 25%에서 15%로 낮아지면서 동일 사양 차량의 수출 가격을 대폭 낮출 수 있게 됐다. 이는 소비자 가격뿐 아니라 리스·플릿 계약 등 기업 간 거래 조건에서도 유연성을 높인다. 유럽연합(EU)·일본 완성차와의 가격 격차가 좁혀지면서, 미국 시장에서 현대차·기아의 점유율이 다시 반등할 여지가 크다.

| 한미 관세 협상 합의 주요 내용 | |
|---|---|
| 대미 투자 | **총 3500억 달러**<br>(현금 투자 2000억 달러, 조선업 협력 1500억 달러)<br>- 투자 약정 2029년 1월<br>- 외환시장 불안 우려 시 납입 시기와 금액 조정 요청 별도 근거 마련 |
| 주요 관세율 | - 자동차 관세: 25% → 15% 인하<br>- 상호 관세: 15% 적용<br>- 품목 관세: 의약품 및 목재 등 최혜국 대우<br>- 무관세: 항공기 부품, 의약품, 미국 내 미생산 천연자원 등 |
| 방어 내용 | - 쌀 및 쇠고기 포함 농업 분야 추가 개방 X<br>- 반도체는 대만과 대비 불리하지 않은 수준의 관세 적용 합의 |

자료: 대통령실

경기도 평택항에 수출용 자동차가 세워져 있다. [사진 연합뉴스]

둘째, 공급망의 안정성이 강화된다. 반도체 분야는 이번 합의로 대만과의 차별적 대우 위험이 해소됐다. 미국 클라우드·인공지능(AI) 기업들의 조달 전략이 명확해지고, 한국 기업의 장기 계약과 기술 협력에 대한 신뢰가 강화된다. 관세 불확실성이 해소된 만큼, 미국 내 팹리스 기업의 장기 공급 계약 및 공동 연구개발(R&D) 투자도 확대될 가능성이 높다.

셋째, 수주 파이프라인의 확장이다. 조선·해양 산업은 미국의 해군 조달 및 친환경 항만 프로젝트와 직결되는 구조적 기회를 얻었다. 한국의 설계 및 핵심 블록 제작과 미국의 최종 조립이라는 새로운 생산모델은 양국 간 고용과 기술을 동시에 강화하는 방식이다. 조선업이 단순 수출을 넘어 전략적 동반자로 진화할 기반이 마련된 셈이다.

또한 반도체는 확실해진 'AI 슈퍼사이클'의 중심이다. AI 서버와 고성능 컴퓨팅 수요(HPC)의 확대로 반도체 산업은 이미 고공 행진 중이다. 여기에 미국과의 관세 합의로 대만과 같은 조건을 확보하면서 불확실성이 사라졌다. 이는 미국 팹리스와 클라우드 기업들이 한국 반도체를 안정적으로 조달할 수 있는 여건을 만들어 준다. 따라서 2026년의 반도체 수출은 큰 폭의 성장이 예상된다.

자동차는 일본 등 경쟁국과 동일한 조건에서 경쟁한다. 관세 인하 폭이 10%포인트에 달하면서, 자동차 산업의 수출 경쟁력은 즉각 개선될 것이다. 하이브리드와 전기차 수요가 이어지는 가운데, 한국 브랜드는 이제 EU 및 일본 자동차와의 가격 경쟁에서 불리하지 않은 위치에 섰다. 미국 현지 생산과 물류 여건이 안정된다면, 2026년 자동차 수출은 완연한 성장이 가능하다.

조선·해양 분야는 한미 협력의 신(新)성장축이다. 조선 산업은 이번 협상에서 가장 큰 전략적 수혜 업종이다. 미국의 해군 조달 및 친환경 항만 프로젝트가 한국 조선 기술과 직접 연결될 가능성이 커졌다. 한국의 설계 및 핵심 블록 제작이 미국의 최종 조립과 결합하는 하이브리드 생산 모델이 현실화되면, 한국 조선업은 단순 수출을 넘어 글로벌 공급망의 중심에 설 전망이다.

철강·석유화학은 구조적 어려움 속에서 수세에 놓일 전망이다. 미국의 고율 관세 및 세이프가드(긴급 수입 제한) 가능성이 남아 있고, 중국의 공급 과잉도 부담이다. 철강은 고부가 제품 중심으로 생산 믹스를 조정해야 하며, 석유화학은 탈탄소 흐름 속에서 친환경 제품으로의 전환이 필수적이다.

관세 완화는 분명 호재이지만, 향후 수출 전반을 좌우하는 요인은 이 외에도 다층적이다. 첫째, AI 슈퍼사이클의 강도다. 2025년 하반기부터 본격화된 AI 서버 및 고성능 컴퓨팅 수요는 2026년에도 이어질 전망이다. 메모리 반도체·패키징 장비·관련 부품의 수요가 확대되면서 수출 단가와 가동률이 함께 상승할 것이다.

둘째, 환율과 금리 환경이다. 달러 강세가 이어질 경우 가격 경쟁력 측면에서는 유리하지만, 외화 조달 비용 상승은 대미 투자와 차입 비용을 늘릴 수 있다. 이번 협상에 포함된 '외환시장 변동 시 투자 조정 조항'은 이러한 충격을 완화하는 안전장치가 될 것이다.

셋째, 미국의 산업·안보 연계 통상 정책이다. 관세 인하에도 불구하고, 미국의 조달 규정(IRA·Buy American)이나 산업보조금 세부 기준이 강화된다면 비관세 장벽이 새롭게 등장할 수 있다. 단순히 관세율이 낮아졌다고 해서 모든 장벽이 제거된 것은 아니다.

넷째, 중국 경기와 공급 과잉 문제다. 중국의 내수 둔화와 생산 증설은 석유화학과 철강 산업에 부담이 된다. 반면, 반도체·소부장(소재·부품·장비) 일부 품목에서는 중국 내 수입 대체 움직임이 완화되며 수출 회복의 여지도 있다.

다섯째, 지정학적 한계와 물류비 상승이다. 홍해·파나마 운하 병목과 같은 물류 불안은 수출 원가를 높인다. 그러나 조선업에는 고운임과 선가 상승이 오히려 긍정적 요인으로 작용할 수 있다.

여섯째, 국내 정책 레버리지다. 정부가 추진 중인 반도체·배터리·AI 인프라 지원 확대가 관세 효과를 내재화하는 핵심이다. 세제·인력·전력 인프라 등 실질적 지원이 뒤따라야 관세 인하 효과가 지속될 수 있다.

## 빠른 산업 전략화 여부가 관건

2026년 한국의 총수출은 전년 대비 성장할 가능성이 크다. 반도체·조선·자동차·방산 등이 성장을 견인하고, 철강과 석유화학이 하단을 제한하는 구도다. ▲AI 슈퍼사이클의 지속 ▲원·달러 환율 ▲미국의 산업 정책 변화 ▲중국 경기 ▲물류비 상승 등이 향후 수출 흐름을 결정할 주요 변수로 꼽힌다. 또한 정부의 지원 정책과 관련 인프라 확충은 수출 성장을 뒷받침하는 버팀목이 될 것이다.

이번 한미 관세 협상 타결은 단순히 세율이 바뀐 사건이 아니다. 그것은 한국 수출의 체질의 변화와

경기 평택시 평택항에 철강 제품이 쌓여 있다. [사진 연합뉴스]

재도약의 신호탄이다. 자동차는 가격 경쟁력을 되찾고, 반도체는 공급망의 신뢰를 확보했으며, 조선은 새로운 성장축을 얻었다. 관세가 문을 열었지만, 진짜 승부는 비관세 장벽을 넘어 현지화와 기술력으로 경쟁하는 산업 전략에 달려 있다.

이번 합의는 2026년 한국 수출의 재도약을 알리는 서막이다. 그러나 관세 인하만으로는 충분하지 않다. 미국 등 주요국은 다양한 비관세 장벽을 운영하고 있고, 대미 투자와 관련해서도 여전히 불확실성이 남아 있다. 지금의 합의가 새로운 성장의 발판이 될 수 있을지는 우리가 얼마나 빠르게 이 기회를 산업 전략으로 전환하느냐에 달려 있다. **E**

# CHAPTER 3 한국 경제 향방

# 법률만능주의가 초래할 시장의 불확실성

노란봉투법·주 4.5일제 등 다양한 노동 정책이 불러올 변화
두 가지 거대한 정책 실험…이중의 덫에 걸릴 위험에 처해

**송헌재**
서울시립대 경제학부 교수

2026년 한국 경제에 필요한 것은
더 많은 규제와 인위적인 시장 개입이 아니라,
경제 주체들이 합리적으로 예측하고 자유롭게 투자할 수 있도록
규제 혁파와 구조 개혁에 정책의 초점을 맞추는 것이다.
경제는 법정이 아니라 시장에서 움직인다.

경제6단체 및 경제단체협의회 관계자 등이 노조법 개정 반대 시위를 하고 있다. [사진 한국경영자총협회]

**2026년 한국 경제는 어느 항로를 향하게 될까.** 낙관적인 기대보다는 걱정스러운 전망이 주를 이루는 것 같다. 대미 직접 투자에 따른 환율 인상 압력과 미중 기술 패권 경쟁 및 무역 갈등에서 비롯된 글로벌 공급망의 재편 등 대외적 파고가 여전히 거센 가운데 우리 스스로가 경제의 근본적인 불확실성을 증폭하는 정책들을 연달아 추진하고 있기 때문이다.

노동시장을 둘러싼 두 가지 거대한 정책 실험, 이른바 '노란봉투법'(노동조합 및 노동관계조정법 개정안)과 '주 4.5일제' 시범 사업 논의가 바로 그 쟁점의 한가운데에 있다. 이 정책들은 근로자의 권익을 향상하고 삶의 질을 개선한다는 명분을 내세우고 있으나, 그 이면에는 시장의 복잡한 경제 관계를 법률의 잣대로 재단하려는 법률만능주의적 접근이 깊게 깔려 있다.

문제의 본질은 이런 접근이 의도한 효과보다 예측 불가능한 부작용과 막대한 사회적 비용을 초래할 가능성이 농후하다는 점이다. 노동경제학의 관점에서 볼 때 이 두 정책은 2026년 한국 경제의 가장 취약한 고리인 '생산성'과 '투자', 그리고 '노동시장 이중 구조' 문제를 해결하기보다 오히려 악화시킬 우려가 크다.

## 노란봉투법, 불확실성의 법제화가 가져올 갈등 비용

첫째, 노란봉투법이 초래할 시장의 혼란이다. 이 법안의 핵심은 두 가지다. 하나는 근로계약의 직접 당사자가 아니더라도 '실질적이고 구체적인 지배력·영향력'을 행사하는 원청을 사용자로 규정해 단체교섭의 대상으로 삼는 것이다. 다른 하나는 쟁의행위에 대한 손해배상 청구를 개별 조합원의 귀책 사유에 따라 제한하는 것이다.

경제학적 관점에서 이 법안의 가장 큰 문제는 실질적 영향력이라는 개념이 갖는 치명적인 '모호성'(Ambiguity)이다. 이는 법률적 개념이라기보다는 지극히 경제적이고 상황적인 개념이다. 하청 기업

국회 본회의에서 '노동조합 및 노동관계조정법 일부개정법률안'(노란봉투법)이 여당 주도로 통과되고 있다. [사진 연합뉴스]

의 부품 단가·납기·품질 기준 등은 원청의 경영 전략과 불가분의 관계에 있는데 과연 어디까지를 '구체적 지배력'으로 볼 것인가. 이 모호함은 그 자체로 거대한 갈등 유발 요인이 된다.

가장 우려되는 시나리오에 따르면 수많은 하청노조는 교섭력 확대를 위해 원청을 상대로 사용자성을 입증하려는 법적 투쟁과 물리적 실력행사에 나설 것이다. 원청은 이를 방어하기 위해 막대한 법률비용과 행정력을 소모해야 한다. 즉, 생산적인 노사관계가 아닌 교섭 상대를 정하기 위한 소모적 갈등비용이 사회 전체적으로 폭증하게 된다.

노사 간 법적 다툼을 넘어 더욱 심각한 것은 이것이 기업의 투자의사 결정을 왜곡한다는 점이다. 원청기업이 하청노조의 쟁의행위 위험까지 직접 감당해야 한다면 국내 하도급망을 유지할 유인이 급격히 떨어진다. 이런 위험을 회피하기 위해 생산기지를 해외로 이전하거나, 협력업체 수를 급격히 줄이고 자동화 설비로 대체하려는 움직임이 가속화될 수밖에 없다. 이는 결국 국내 제조업 생태계의 공동화와 일자리 감소로 이어질 수 있다.

여기에 쟁의행위에 대한 손해배상 청구 제한은 불균형을 심화한다. 이미 미국·독일·일본 등 주요국과 달리 파업 시 대체근로가 금지된 한국의 노동 환경(노조법 제43조)에서 사용자가 기댈 수 있는 사실상 유일한 방어 수단이 손해배상 청구였다. 파업 노동자의 개별 책임을 증명하기는 매우 어려운 일이다. 기업의 노조에 대한 손해배상 청구마저 무력화된다면 노사 간 힘의 균형은 심각하게 기울어지며 쟁의행위의 빈도와 강도는 더욱 높아질 것이다. 이는 법치가 아닌 힘의 논리가 시장을 지배하게 되는 위험한 신호다.

## 주 4.5일제, 이중 구조를 심화하는 선의의 함정

둘째, 주 4.5일제 논의가 가진 구조적 딜레마다. 경제협력개발기구(OECD) 대비 긴 실노동 시간을 줄이자는 목표 자체에 반대할 사람은 없다. 문제는 방식이다. 현재 논의되는 임금 삭감 없는 주 4.5일제를, 그것도 중소기업을 대상으로 한 시범 사업으로 추진하는 것은 노동시장의 현실을 외면한 처방이다.

이 정책의 가장 큰 맹점은 한국 노동시장의 고질병인 '이중 구조'(Dualism)를 정면으로 거스른다는 데 있다. 이미 대기업 정규직과 중소기업·비정규직 간의 임금 및 복지 격차는 임계치를 넘어섰다. 이런 상황에서 주 4.5일제는 이 격차를 더욱 벌리는 기폭제가 될 것이다.

유연한 인력 운용과 자본력이 있는 소수의 대기업은 주 4.5일제를 복지의 일환으로 도입하며 우수 인재를 독식할 수 있다. 반면 근로자 한 사람 한 사람이 생산과 직결되는 대다수 중소기업에 임금 보전형 시간 단축은 노동 비용 급증 및 생산량 감소로 이어진다. 정부가 4년간 0.5일분의 인건비를 지원

## 노동 정책 주요 내용과 전망

| 정책 구분 | 주요 개정안 (내용) | 전망 | 논거 |
|---|---|---|---|
| 노란봉투법 | - '실질적·구체적 지배력· 영향력'을 행사하는 원청을 '사용자'로 규정<br>- 쟁의행위에 대한 손해배상 청구를 개별 조합원의 귀책 사유에 따라 제한 | 시장의 불확실성 증폭 | - '실질적 영향력' 개념의 치명적인 모호성으로 인한 소모적 갈등 비용 폭증<br>- 하청 노조 리스크 부담으로 인한 원청의 투자 결정 왜곡 (생산기지 해외 이전, 자동화 대체 등)<br>- 대체근로가 금지된 환경에서 사용자의 유일한 방어 수단 (손배 청구)을 무력화해 노사 힘의 불균형 심화 |
| 주 4.5일제 | - '임금 삭감 없는' 주 4.5일제 도입<br>- 중소기업을 대상으로 한 시범 사업으로 추진 | 노동시장 이중 구조 심화 | - 대기업(복지 도입, 인재 독식)과 중소기업(노동 비용 급증, 생산량 감소) 간 격차를 더욱 벌려 이중 구조 심화<br>- 정부의 인건비 지원은 지속 가능하지 않은 미봉책에 불과<br>- AI·디지털 전환을 통한 생산성 향상 기대는 영세 사업장 현실과 괴리된 낙관론<br>- 포괄임금제·주휴수당 등 근본적인 구조 개혁 없이 추진되는 시기상조적 정책 |

자료:송헌재 서울시립대 경제학부 교수

하는 시범 사업을 계획 중이라지만, 이는 지속 가능하지 않은 미봉책이다. 정부 지원이 끊기는 순간 주 4.5일제는 중소기업에 생존 자체를 위협하는 족쇄가 될 수 있다.

정부는 인공지능(AI)과 디지털 전환을 통한 생산성 향상으로 이를 상쇄할 수 있다고 기대하지만, 이는 기술 혁신의 속도를 과신한 낙관론이다. 특히 노동집약적 뿌리 산업이나 서비스업에 종사하는 영세 사업장이 단기간에 AI 도입으로 10% 이상의 생산성 향상을 이루는 것은 현실적으로 불가능에 가깝다.

결국 이 정책은 '그들만의 4.5일제'로 귀결될 가능성이 높다. 주 4.5일제를 누리는 상위 10%와 여전히 52시간 상한에 묶여 있거나 혹은 그마저도 적용받지 못하는 5인 미만 사업장의 하위 근로자들로 시장은 완벽하게 분절될 것이다.

아직 주 52시간제의 효과도 온전히 이해하지 못한 상태에서 주 4.5일제를 시행하는 것은 시기상조임이 틀림없다. 노동시장에 진정으로 필요한 것은 획일적인 시간 단축이 아니라, 연구개발(R&D) 직군이나 계절적 수요 변동이 큰 산업의 특수성을 감안한 근로 시간의 유연화이다. 실노동 시간 단축의 진정한 걸림돌인 포괄임금제의 불합리한 관행이나 주휴수당 같은 복잡한 임금 체계를 먼저 정비하는 것이 순서다. 이런 근본적인 구조 개혁 없이 추진되는 주 4.5일제는 선의로 포장된 또 하나의 규제에 불과하다.

2026년 한국 노동시장은 노란봉투법이 야기할 생산 현장의 불확실성과 주 4.5일제가 초래할 노동 비용의 경직성이라는 이중의 덫에 걸릴 위험에 처해 있다. 두 정책 모두 노동시장의 복잡한 함수관계를 무시하고, 법과 제도로 모든 문제를 해결하려는 단선적 사고의 산물이다.

시장은 불확실성을 가장 두려워한다. 갈등 비용이 예측 불가능하게 높아지고 노동 비용 부담이 일방적으로 가중되는 환경에서는 기업가 정신과 혁신적인 투자를 기대하기는 어렵다. 법률만능주의에 함몰된 정책은 결국 시장의 활력을 떨어뜨리고, 가장 취약한 계층인 중소기업 근로자와 미래 세대의 일자리를 대가로 치르게 할 것이다.

지금은 이상적인 구호를 외칠 때가 아니라, 우리의 경쟁력이 어디에서 나오는지 냉철하게 돌아볼 때다. 2026년 한국 경제에 필요한 것은 더 많은 규제와 인위적인 시장 개입이 아니라, 경제 주체들이 합리적으로 예측하고 자유롭게 투자할 수 있도록 규제 혁파와 구조 개혁에 정책의 초점을 맞추는 것이다. 경제는 법정이 아니라 시장에서 움직인다. E

# 주택 경기 주기별 특징적 변화와 대세 형성 요인

공급 대책 확실하지 않을 시 역효과 발생할 수도
부동산 시장 변화, 주택 구매 핵심 연령 인구 변화에 영향

**한문도**
명지대 대학원 실물투자분석학과 교수

부동산 시장의 주기(사이클)는 일반 자산시장에 비해
상승·하락의 기간이 중장기적이다.
정부의 정책 방향에 따라 시장의 향방도 영향을 받지만
최근 인구 감소 특히 경제 인구, 핵심 생산 연령 인구 등의 변화도
서서히 시장의 향방에 영향을 줄 수밖에 없다.

서울 여의도 63빌딩에서 바라본 집합건물(아파트·다세대·연립·오피스텔) 모습. [사진 연합뉴스]

**2025년 상반기 대한민국 부동산 시장은 서울 및 수도권과 6개 광역시를 포함한 지방의 양극화가 극대화됐다.** 2025년 2월 토지거래허가제 해지가 트리거가 되어 서울 강남4구(강남·서초·송파·강동)와 마포·용산·성동 그리고 양천구의 서울 8개 구와 수도권의 분당과 과천에서 폭등 장세가 이어졌다.

반면 6대 광역시를 포함한 지방 부동산은 2022년 이후 하락 방향의 조정 장세를 이어가고 있다. 서울도 8개 구를 제외한 17개 구는 10~30%의 하락 조정을 유지하고 있다. 대한민국 부동산 역사에서 이렇게 양극화, 차별화 시장이 보인 적은 없었다.

2022년 미국발 고금리로 인해 미분양 공포에 휩싸였던 둔촌주공(올림픽 파크포레온)이 정부의 강력한 부동산 시장 활성화 및 떠받치기 정책으로 무사히 고비를 넘겼고, 2022년 당시 분양가격이 12억~13억 원이던 84㎡형이 2025년 11월 기준 27억~28억 원에 거래되고 있다. 한마디로 정부가 시장에 개입하면서 발생한 결과임을 누구나 알고 있다. 정책이 부동산 시장에 절대적인 영향을 미친다는 점이 증명된 것이다.

최근에 벌어진 서울 일부 지역 특히 강남3구와 마용성 그리고 수도권의 분당과 과천 등의 폭등 상황을 제어하고자 이재명 정부는 ▲6.27 ▲9.7 ▲10.15 세 번의 대책을 발표했다. 특히 세 번째 대책에서는 대한민국 역사상 처음으로 서울 전역을 포함한 수도권 13개 지역을 ▲투기과열지구 ▲조정대상지역 ▲토지거래허가구역으로 동시에 지정하면서 시장에 강력한 정부의 의지를 보였다.

갭투자 등 가수요 투자, 투기 수요를 원천적으로 차단했다는 점에서는 성공적이라고 볼 수도 있다. 그러나 이러한 수요 억제 대책은 공급 대책이 확실하지 않을 경우 일정 시간이 지나면 절반의 효과에 그치거나 혹은 시장에 역효과를 발생시킬 수도 있다.

이러한 점을 인식하고 향후 정부의 공급 대책이 이해 실수요자 및 시장 참여자들이 시장의 변화를 예측하고 신뢰를 가질 수 있는 수준으로 시행된다면 부동산 시장은 중장기적 연착륙 국면에 들어설 것이다.

## 정부 정책이 부동산 시장 안정 시킨 건 단 2번 뿐

그동안 대한민국의 부동산 시장과 아파트 시장의 상승 시기를 간단하게 정리해 보면 1960~1970년대 눈부신 경제 발전과 인구 급증에 기인해 상승장을 이어왔고 이후 1980년대 2번의 상승장이 있었다.

국제통화기금(IMF) 외환위기 이후 분양가 자율화 등의 조치와 함께 IMF 외환위기를 극복하면서 2001년~2006년까지 폭등이 있었고, 2008년 글로벌 금융위기 이후 2014년 초까지 안정적이었다. 2014년부터 박근혜 정부의 무리한 전세 대출 보증 한도 확대와 대출 완화 및 공공택지 공급 중단 등으로 부동산 시장은 상승장에 들어섰다.

2017년 이후 임대사업자에 대한 과도한 혜택과 다주택자 양도세 중과 제도로 인해 매물이 사라지면서 상승하던 시장은 코로나19 펜데믹발 초저금리 상황이 겹치면서 부동산 폭등을 일으켰다.

그리고 미국발 고금리 상황이 되자 2022년 하반기 대한민국 부동산은 폭락을 겪지만 다시 한번 정부의 '부동산 살리기' '빛내서 집 사라' 정책이 시장 조정을 지연했고, 2025년 토지거래허가발 서울 폭등장으로 정리할 수 있다.

대한민국 부동산 정책이 시장에 거품을 잠재우고 안정시켰던 때는 역사상 2번뿐이었다. 노태우 정부의 1990년 200만 호 공급 정책과 2010년 이명박 정부의 보금자리주택 공급 정책이 시행된 때이다. 두 번의 공통점은 기존 시세 대비 저렴한 공공주택을 확실하게 무주택자에게 공급한다는 강력한 정부 정책의 결과이다. 그 주요인은 공급 물량과 함께 발표된 분양가 확정 정책에서 기인한다.

경기도 수원시 영통구 일대 아파트 단지 모습. [사진 연합뉴스]

중단기적 한국 부동산 시장은 향후 공급 물량과 분양가격에 대한 현 정부의 정책 의지에 따라 그 향방이 정해질 것이다. 향후 발표될 정부의 추가 대책의 내용에 깊은 관심이 필요한 이유이다.

정부 정책에는 크게 ▲수요와 공급 정책 ▲금리와 대출 정책 ▲세제 정책 ▲거래 규제 정책이 있다. 경제 발전 상황과 유동성, 심리 그리고 정부 정책이 부동산 시장의 상황을 결정짓는 주요한 요인이다. 이중 주요한 요인은 정부의 의지와 신념이 정책에 어떻게 반영되느냐다.

## 공급 물량·분양가격·신규 수요 대처해야

부동산 시장의 주기(사이클)는 일반 자산시장에 비해 상승·하락의 기간이 중장기적이다. 앞서 논한 정부의 정책 방향에 따라 시장의 향방도 영향을 받지만 최근 인구 감소 특히 경제 인구, 핵심 생산 연령 인구 등의 변화도 서서히 시장의 향방에 영향을 줄 수밖에 없는 상황이다.

향후 부동산 시장이 어떻게 펼쳐질 것인지 혼동스러워하는 사람들이 많지만 대한민국 부동산 시장의 변화는 인구 구조 특히 주택 구매 핵심 연령 인구의 변화에 영향을 받을 수밖에 없다. 부동산 시장의 미래에 대해 베이비부머들은 이미 잘 알고 있고 최근 주택 구매 핵심층으로 부상한 30~40 세대들은 투자 경력이 있는 이들을 제외하고 부동산 상승장을 거의 10년째 목도했기 때문에 '부동산 불패'라는 관념에 사로잡힌 이들이 많을 수밖에 없다.

앞으로도 부동산 시장은 지속적으로 오를 것으로 생각한다. 여기서 '왜 60세 이상 고령층의 서울 주택 매도가 급증하는지' 한 번만 신중하게 생각할 필요가 있다. '오를 텐데 왜 매각을 할까.' 대한민국은 이미 ▲저성장 ▲저출산 ▲고령화가 급속히 진행되는 중이다.

향후 시장의 변화는 '외부 변수가 없다'고 가정할 경우에도 5~10년 내 나타날 것으로 예측된다. 이러한 예측을 하는 이유는 다음과 같다. 1960년~1970년대생의 연 출생아 수는 80만~100만 명이었다.

서울 시내의 한 부동산중개업소 모습. [사진 연합뉴스]

이들이 주택시장에 핵심 구매층으로 진입하던 시기는 1990년~2000년이다. 연평균 40만~50만 쌍의 결혼으로 이에 필요한 주택 공급이 필요한 시기였다. 노태우의 200만 호 공급 정책의 이유이기도 하다. 그리고 1980~1990년대생들은 2010년부터 2020년에 진입했는데 대한민국의 경제 발전과 함께 부동산의 자산 투자 대상화 전세 대출과 갭투자라는 부동산 주택 투자의 매개 요소가 시장의 강력한 요인이 돼 2022년 상반기까지의 상승장을 초래했다.

이제 2000년~2010년생 출생아 수를 보면 40만~45만 명이다. 이들이 시장에 진입하는 시기는 2030년부터이다. 그런데 라이프스타일의 변화로 결혼 연령대가 늦어짐과 동시에 결혼 건수가 1세대 전에 비해 급격하게 감소하고 있다. 2020년 결혼 쌍 건수는 21만 쌍이다. 45만~50만 쌍에서 30년 만에 반토막 이하로 신규 주택 수요가 감소한 것이다.

결정적으로 통계청 인구 및 혼인 추계에 의하면 2033년 이후부터는 그 수가 12만~13만 쌍으로 급감한다는 사실이다. 즉 단순하게 보아도 주택시장의 수요 측면에서 20만~25만 쌍이 줄어든다면 기존 주택 공급량이 신규 수요를 넘어선다는 사실은 향후 대한민국 부동산 시장에 영향을 줄 수밖에 없다는 사실을 인지하고 시장에 대처해야 한다. 특히 상업용 부동산 시장은 이제 한계효용이 다했다는 사실도 자산관리 전략 시 필히 참고해 시장에 대처할 때이다. **E**

# 한국 산업 향방

# CHAPTER 4

# CHAPTER 4 한국 산업 향방

〈인공지능〉

# 한국 반도체 산업과 AI가 재편하는 글로벌 질서

AI 슈퍼사이클 국면으로 진입한 반도체 산업
반도체 생태계 강화 유기적으로 결합해야

**이종환**
상명대 시스템반도체공학과 교수

한국 반도체 산업이 진정한 도약을 이루기 위해서는
기업의 기술 혁신, 정부의 전략적 지원, 그리고 산학 협력을 통한
생태계 강화가 유기적으로 결합해야 한다.
2026년은 이러한 노력의 성과가 가시화되는 원년이 될 것이다.

**2026년 한국 반도체 산업은 인공지능(AI)이 촉발한 구조적 전환의 한복판에 서 있다.** 지난 수십 년간 메모리 반도체로 구축한 기술 헤게모니는 이제 ▲AI 가속기 ▲고대역폭 메모리(HBM) ▲첨단 파운드리(반도체 위탁 생산)라는 새로운 전장에서 시험대에 오르고 있다. 삼성전자와 SK하이닉스를 필두로 한 한국 기업들은 단순한 성장을 넘어, 글로벌 반도체 생태계의 재편을 주도할 기회와 책임을 동시에 마주하고 있다.

## 수요 패러다임의 근본적 변화

반도체 산업은 현재 'AI 슈퍼사이클'이라 불리는 장기 성장 국면에 진입했다. 이는 과거 PC나 스마트폰이 주도했던 성장 사이클과는 본질적으로 다르다. AI 워크로드는 연산 집약적 특성상 기하급수적인 메모리 대역폭과 처리 능력을 요구하며, 이는 반도체 설계와 제조 전반에 걸친 혁신을 강제하고 있다.

시장 데이터는 이러한 변화를 명확히 보여준다. AI 반도체 시장은 2026년부터 2028년까지 연평균 24% 이상 성장해 2000억 달러(약 290조 5000억 원) 규모에 도달할 전망이다. 이는 단순한 숫자 이상의 의미를 갖는다.

데이터센터와 클라우드 인프라에 대한 투자가 가속화되면서, 반도체는 더 이상 최종 제품의 부품이 아닌 AI 경제의 핵심 인프라로 자리매김하고 있다. 삼성전자와 SK하이닉스가 ▲AI 연산용 SSD(솔리드스테이트드라이브) ▲10 나노미터급 D램(DRAM) ▲차세대 AI 가속기에 집중적으로 투자하는 이유도 여기에 있다.

메모리 부문에서 가장 극적인 변화는 HBM 시장의 폭발적 성장이다. 시장 조사 업체 가트너에 따르면 HBM 시장의 연평균 성장률은 62%에 달할 전망이다.

2025년 HBM 매출액은 전년 대비 66.9% 성장한 198억 달러(약 28조 7575억 원)를 기록할 것으로 예상되며, 2028년에는 316억 달러(약 45조 8900억 원)에 이를 것으로 보인다. 2024년 전체 D램 시장에서 HBM의 매출 비중은 13.6%를 기록했다. 이 비중은 점차 확대돼 2028년 30.6%에 이를 전망이다.

이 시장에서 SK하이닉스는 선두 주자로서의 입지를 확고히 하고 있다. 엔비디아의 차세대 그래픽 처리장치(GPU) 아키텍처인 루빈(Rubin)에 탑재될 HBM4 공급을 둘러싼 경쟁에서, SK하이닉스는 기술 완성도와 양산 능력에서 우위를 점하고 있다. HBM 사업만으로도 영업이익 10조 원 돌파가 전망되는 상황이다. 삼성전자 역시 HBM3E 12단 제품 양산을 가속하며 추격에 나섰지만, 양 사 간 기술 격차는 여전히 존재한다.

범용 D램과 낸드(NAND) 플래시 시장은 공급과 수요의 재균형 국면에 접어들었다. 2022~

앱솔릭스 유리 기판 공장을 둘러보는 최태원(가운데) SK 회장. [사진 SK수펙스추구협의회]

2023년 과잉 공급과 재고 조정을 거친 후, 2026년 D램과 낸드 수요는 각각 14.1%, 13.8% 증가할 것으로 예상된다. 스마트폰 교체 주기의 정상화와 AI PC의 본격 보급이 이러한 회복세를 뒷받침할 전망이다. 메모리 시장의 안정화는 한국 기업들이 HBM과 같은 고부가가치 제품에 더욱 집중할 수 있는 재무적 여력을 제공한다.

비메모리 부문에서 한국 반도체 산업의 최대 과제는 파운드리 경쟁력 확보다. 삼성전자는 2나노 게이트올어라운드(GAA) 공정의 양산 성공 여부가 향후 시장 지위를 결정할 분수령이 될 것이다. 2026년부터 2028년까지 글로벌 300mm 파운드리 설비 투자는 3740억 달러(약 543조 1230억 원)에 달할 것으로 예상되며 이는 ▲AI ▲자율주행 ▲5G·6G 네트워크 칩 수요가 집중되는 첨단 공정 영역에 집중될 것이다.

삼성전자의 파운드리 전략은 TSMC와의 기술 격차 해소와 고객 신뢰 회복이라는 두 가지 과제를 동시에 해결해야 한다. 최근 삼성은 신흥 팹리스 기업들과의 협력을 확대하며 고객 다변화에 나서고 있으나 엔비디아·AMD 같은 대형 고객 확보는 여전히 숙제로 남아 있다. 공정 미세화 경쟁에서는 인텔의 재부상과 TSMC의 압도적 양산 능력이라는 이중 압박에 직면해 있다.

그럼에도 한국의 파운드리 산업은 메모리에서 축적한 제조 역량과 소재·장비 생태계를 기반으로 차별화를 모색하고 있다. 특히 첨단 패키징 기술과 HBM을 결합한 이종 집적(Heterogeneous Integration) 솔루션은 삼성이 경쟁력을 발휘할 수 있는 영역이다.

## 전략적 과제는 인재·공급망·지정학

2026년 한국 반도체 수출은 전체 수출의 18%를 회복하며 국내총생산(GDP) 성장의 핵심 동력으로 재부상할 전망이다. 그러나 이러한 낙관적 전망이 현실화하기 위해서는 몇 가지 구조적 과제를 해결해야 한다. 첫째, 인재 확보. 정부는 'K-반도체 인재 10만 양성 프로젝트'로 양적 목표를 제시했지만, 문제는 질적 수준이다. 반도체 설계와 공정 개발은 수년간의 실무 경험이 필수적이며, 단기간에 전문 인력을 양성하기는 어렵다. 산학 협력을 통한 실무형 교육과 석·박사급 인재에 대한 처우 개선이 병행되어야 한다.

둘째, 소재·부품·장비(소부장) 생태계의 경쟁력 강화. 한국은 여전히 일본과 네덜란드, 미국산 핵심 장비와 소재에 의존하고 있다. 중소·중견기업의 기술 개발을 지원하고, 후공정 분야에서 국산화율을 높이는 것은 공급망 리스크를 줄이는 동시에 산업 가치 사슬 전체의 부가가치를 제고하는 길이다.

셋째, 지정학적 균형 외교. 미국의 반도체법(CHIPS Act)과 중국의 자급자족 정책 사이에서 한국은 전략적 선택을 강요받고 있다. 미국 및 유럽과의 기술 동맹을 강화하면서도, 중국이라는 거대 시장을 완전히 포기할 수 없는 딜레마가 존재한다. 기술 주권과 경제적 실리 사이의 정교한 균형점을 찾는 것이 2026년 한국 반도체 산업의 가장 중요한 외부 변수가 될 것이다.

2026년 한국 반도체 산업은 양적 성장을 넘어 질적 전환의 시기로 접어든다. AI가 재편하는 시장 구조 속에서 메모리와 시스템반도체의 동반 성장이 가시화되고, 첨단 공정과 패키징 기술에서의 혁신이 본격화될 것이다. SK하이닉스의 HBM 주도권과 삼성전자의 메모리-파운드리 투트랙 전략은 각각의 방식으로 글로벌 시장에서 한국의 입지를 강화하고 있다.

그러나 ▲기술 경쟁의 가속화 ▲인재 부족 ▲지정학적 불확실성이라는 도전 과제 또한 만만치 않다. 한국 반도체 산업이 진정한 도약을 이루기 위해서는 기업의 기술 혁신, 정부의 전략적 지원 그리고 산학 협력을 통한 생태계 강화가 유기적으로 결합해야 한다. 2026년은 이러한 노력의 성과가 가시화되는 원년이 될 것이다. **E**

# CHAPTER 4 한국 산업 향방

# 국내 완성차, 그 어느 때보다도 어려운 한 해

수출·국내 생산 축소 전망…부품 업계 부담 가중
산업 패러다임 전환…중장기 산업 전략 필요

**이항구**
한국자동차연구원 연구위원

정부의 선택과 집중을 통한 맞춤형 지원이 필요하다.
국내 자동차 산업이 세계 최고의 기술력을 보유해 왔던
독일과 같은 구조조정 국면에 빠지지 않도록
중장기 미래 모빌리티 산업 육성을 위한 전략과 정책도
수립할 때라고 생각한다.

글로벌 자동차 시장이 전기동력·디지털 중심으로 재편되는 가운데 국내 자동차 업계는 새로운 선택의 기로에 서 있다. 고관세와 수출 둔화라는 단기 리스크가 부각되는 한편, 미래 모빌리티에 대한 선제적 대응이 산업 경쟁력을 좌우할 전망이다. 정부와 업계의 전략적 대응 방향에 관심이 쏠린다.

## 트럼프 2기 고관세 충격…중소 부품 업체 직격탄

2025년 국내 자동차 업계는 새해 벽두부터 도널드 트럼프 미국 2기 행정부의 고관세 장벽에 부딪혔다. 업계는 트럼프 행정부가 관세 부과 시점을 연기하자 대미 수출과 현지 생산을 빠른 속도로 증대해 미국 시장에서 재고를 쌓으며 대응했다. 하지만 재고가 소진하고 미국이 고관세를 부과하자 완성차와 부품의 대미 수출은 빠르게 감소했다. 국내 완성차 업체와 대형 부품 업체들은 미국 내 생산 물량을 확대해 고관세에 대응했지만, 중소 부품 업체들의 대미 직수출과 로컬 수출은 어려움에 직면했다.

국내 완성차 업계의 세계 시장 판매가 2016년 사상 최고치를 기록한 후 장기적으로 회복하지 못하고 있는 가운데 고관세로 인해 2021년 이후 회복세를 보여왔던 중소 부품 업체의 경영 실적도 악화했다.

코로나19로 인해 큰 폭으로 감소했던 세계 자동차 수요가 회복되지 못하고 있는 가운데 미국의 고관세 정책과 주요 시장국 정부의 자국 이익 우선주의는 수출 환경을 악화시켰다.

세계자동차산업협회(OICA)는 세계 자동차 수요가 2020년에 전년 대비 13.5% 감소한 7967만 대를 기록한 후 기복을 보이다가 2023년과 2024년에 연속 증가해 9531만 대를 기록했다고 집계했다. 세계 자동차 수요에서는 승용차 수요가 꾸준한 회복세를 보이고 있지만, 상용차 수요가 부진해 아직 2017년의 사상 최고치를 경신하지 못하고 있다.

국가와 지역별로는 유럽을 제외한 여타 시장의 수요가 증가했으며, 중국과 브라질 및 아르헨티나

### 국내 자동차 산업 전망
(단위:대, 달러)

| 구분 | | 2024년 | 2025년 | 2026년 |
|---|---|---|---|---|
| 완성차 | 내수 | 162만 6000 | 168만 4000(3.6%) | 171만(1.5%) |
| | 국산차 내수 | 134만 4000 | 136만 5000(1.6%) | 139만 4000(2.1%) |
| | 수출 | 278만 3000 | 272만(-2.3%) | 260만 5000(-4.2%) |
| | 생산 | 412만 8000 | 409만 5000(-0.8%) | 402만(-1.8%) |
| 부품 | 수출 | 225억 5000만 | 216억 5000만(-4.0%) | 207억 5000만(-4.2%) |

*( )=전년 대비

자료:한국자동차모빌리티산업협회, 필자 추정

현대자동차 울산공장 수출선적부두 전경 [사진 현대자동차]

의 수요는 두 자릿수로 증가했다. 한편, 중국의 승용차 수출이 600만 대를 넘어서자, 독일과 일본, 한국 등 전통적인 자동차 강국의 수출이 둔화하고 있다.

## 2026년 수요 '지역별 차별화'···전기차는 성장 지속

미중 패권 경쟁으로 인해 자동차 산업의 변동성과 불확실성이 증가하고 있고, 주요 시장국 정부가 자국 자동차 산업을 보호·육성하기 위한 다양한 정책을 시시각각 수립·운용하고 있어서 2026년 국내외 자동 차 수요를 전망하기는 어려운 현실이다.

국가별로는 미국의 자동차 수요가 미국 정부의 자국산 차 구매 세제 혜택과 금리 하락에도 불구하 고 평균 판매 가격이 5만 달러(약 7150만 원)를 넘어서면서 소폭 감소할 전망이다. 중국의 자동차 수요 증가율도 2025년에 비해 낮아질 전망이다. 2025년 소폭 감소한 유럽의 자동차 수요는 유럽연합(EU)

집행위원회의 적극적인 부양책에 힘입어 소폭 증가할 예상이다.

남미와 동남아의 수요는 증가할 전망이다. 이처럼 2026년 세계 자동차 수요는 주요 시장별 상황이 다르긴 하지만 2025년에 비해 소폭 감소할 선망이다. 2025년에 2000만 대를 넘어선 전기차 수요는 2026년에도 증가할 것으로 예상된다. 2025년 10월 미국의 전기차 수요가 5만 대 수준으로 급감한 후 부진을 이어가겠지만 중국·유럽·인도·캐나다·베트남 등 주요 자동차 시장 국가의 수요가 점증할 것이기 때문이다.

2026년 상반기 완성차 내수는 정부의 부양책이 유지·강화되고 지방자치단체 단체장 선거에 힘입어 증가하겠지만, 하반기에는 증가율이 둔화해 2026년 전체로는 1.5% 증가할 전망이다.

완성차 수출에서는 대미 수출이 현대차·기아의 현지 생산 판매 증대와 한국GM의 수출 감소에 따라 감소할 예상이다. 2025년에 감소한 현대차·기아의 유럽 내 생산이 증가세로 돌아서고 중국과 인도 공장의 제3국 수출 증가와 함께 카자흐스탄과 인도네시아 등 소규모 해외 공장의 생산 물량이 증가해 수출선이 다변화함에도 불구하고 수출은 4.2% 감소할 예상이다. 이에 따라 국내 완성차 생산은 1.8% 감소할 전망이다. 미국이 관세율을 낮추었지만, 중국 자동차 업체의 수출과 해외 생산 판매가 증가하면서 국내 자동차 업계는 새로운 경쟁 국면을 맞이할 것으로 보인다.

또한 미국 제너럴모터스(GM)의 한국GM 운영 전략도 변수로 작용할 전망이다. 자동차 부품 수출은 국내 완성차 업체의 부품 현지 조달 확대로 인해 감소할 전망이다. 2025년 국내 완성차 업체의 해외 생산 공장이 소재해 있는 미국·멕시코·브라질·중국·인도·체코·슬로바키아·튀르키예에 대한 부품 수출은 현지 생산 증가에도 불구하고 과거와는 달리 모두 감소했다.

세계 자동차 산업의 패러다임 전환과 함께 양극화가 심화하고 있다. 코로나19 전까지만 해도 우량 부품 업체의 수익률이 완성차 양산 업체들의 수익률을 상회했으나 역전되었으며, 정보통신기술(ICT) 업체들이 미래 모빌리티 사업에 진출하면서 공급망과 생태계 구조도 변화하고 있다.

매킨지 컨설팅은 금융위기를 겪고 난 2010년 이후 미래 모빌리티 관련 투자는 1조 달러(약 1430조 원)를 넘어섰으며, 전기동력·공유차량·자율주행·디지털화·커넥티드 카 순으로 투자가 이뤄진 것으로 추정했다. 2023년과 2024년 중 미래 모빌리티 관련 투자는 감소했으나 ▲인공지능 ▲클라우드 ▲엣지 컴퓨팅 ▲사이버 보안 ▲지속 가능 에너지 분야 투자는 증가했다.

한미 관세 협상이 타결됐지만 2026년은 우리 자동차 업계에 그 어느 때보다도 어려운 한 해가 될 전망이다. 이에 따라 정부의 선택과 집중을 통한 맞춤형 지원이 필요하다. 단기적인 대응책도 중요하지만, 국내 자동차 산업이 세계 최고의 기술력을 보유해 왔던 독일과 같은 구조조정 국면에 빠지지 않도록 중장기 미래 모빌리티 산업 육성을 위한 전략과 정책도 수립할 때라고 생각한다. **E**

# CHAPTER 4 <sub></sub>한국 산업 향방

〈인공지능〉

## AI 서비스 일상화 시대, 'AI 활용'에 맞춘 전략 필요

"2026년은 단순한 AI 활용 넘어 산업 내재화의 원년"
한국은 아직 도입 초기 단계, AI 역량 미흡한 상황

**김종기**
산업연구원 산업전환전략연구단장

한국 산업은 AI 도입 초기 단계이며
선도국에 비해 AI 역량이 미흡한 상황이다.
그러나 각 산업의 특성과 여건을 고려한 혁신 전략 추진과
지원 정책이 뒷받침된다면 빠른 추격이 가능할 것이다.

챗GPT로 대표되는 생성형 인공지능(AI)이 출현한 이후 콘텐츠·이미지 생성, 챗봇 등 AI 서비스의 일상화가 가속되고 있다. 산업 영역에서는 AI 기술을 활용한 디지털 혁신이 빠르게 확산하고 있다. 스탠퍼드대학의 'AI 인덱스 2025'에 의하면, 세계적으로 AI를 활용하는 기업 비중이 2023년 55%에서 2024년 78%로 가파르게 상승했다. 이처럼 AI 활용이 빠르게 확산하고 있는 것은 거대언어모델(LLM) 기반의 생성형 AI가 이전과 다른 높은 효율성과 생산성을 실현하며 제품·서비스 혁신, 새로운 비즈니스 모델 창출의 핵심 수단이 되고 있기 때문이다.

산업 가치 사슬 전반에서 AI 기술 활용을 통한 혁신이 활발히 이뤄지고 있다. 연구개발(R&D)·디자인 단계에서는 수요를 고려한 예측 모델링과 시뮬레이션이 실현되며, 이를 통해 새로운 제품과 소재·부품 개발 효율을 획기적으로 향상하고 있다. 제조 공정 단계에서는 산업 데이터가 연결되고 전체 공정이 통합된 AI 지능형 생산 시스템을 통해 생산 자동화와 최적화를 이루며 생산성을 높이고 있다.

## AI, 산업 전환의 게임 체인저이자 미래 산업의 신성장 동력

또한 ▲소재 부품 조달의 효율화 ▲품질 예측 ▲설비 예지 보전 등을 통해 공급망과 운영 효율성을 높이고 있다. 최근 온디바이스 AI화가 본격화되고 있는데 이를 통해 수요 맞춤형 서비스가 제공되고 소비자 편의성이 높아지고 있다. 더욱이 AI 기술은 탄소중립 달성과 산업 현장에서의 안전 등 산업 현안의 해결책으로 떠오르고 있다. 이러한 점에서 미국·중국·유럽연합(EU) 등 주요국들은 AI를 산업 전환의 게임체인저이자 미래 산업의 신성장 동력으로 인식하며 다양한 육성 정책을 적극적으로 추진하고 있다.

앞으로 AI의 산업적 활용이 본격화될 것으로 전망되는데, 2026년은 단순한 AI 활용을 넘어 산업 AI 내재화의 원년이 될 것으로 보인다. 마켓 리서치 퓨처(Market Research Future)에 의하면 세계 산업 AI의 시장 규모가 2024년 약 43억 5000만 달러(약 5조 8000억 원)에서 매년 46% 성장하여 2035년에는 약 2800억 달러(약 375조 원)에 이를 것으로 전망된다.

현재 세계 AI 분야는 미국이 압도적인 우위를 점하고 있다. 미국은 오픈AI·구글·마이크로소프트(MS) 등 세계 AI 분야를 주도하고 있는 많은 글로벌 빅테크 기업들이 포진해 있다. 미국의 AI 투자규모도 상당한데, 스탠퍼드대학 조사에 의하면 민간 AI 투자 규모가 2024년 약 1091억 달러(약 159조 원)로 2위인 중국의 93억 달러(약 13조 5500억 원)와 큰 격차를 보이고 있다.

미국은 AI 모델 학습과 서비스를 위한 ▲AI 반도체 ▲데이터센터 ▲클라우드 등의 인프라와 ▲파운데이션 모델 ▲서비스에 이르는 AI 생태계 전반을 선도 중이다.

중국도 국가 차원의 강력한 AI 굴기 하에 민·관에서 대규모 투자를 단행하고 있다. 2025년 초 중국

챗GPT 운영사 오픈AI의 샘 올트먼 CEO. [사진 연합뉴스]

스타트업 딥시크는 GPT-4o와 유사한 성능을 갖춘 생성형 AI 모델(딥시크-R1)을 출시해 세계를 깜짝 놀라게 했다.

한국도 AI 기술 도입·활용의 중요성을 인식하고 AI 국가 전략을 수립해 대응하고 있다. 그러나 산업 현장에서의 AI 활용은 아직 기대에 미치지 못하는 수준이다. 토터스 미디어(2025)에 의하면, 한국의 AI 경쟁력은 세계 6위 수준으로 평가되고 있다.

세부적으로 보면 AI 연구개발(R&D) 수준은 상위권인 반면 운영 환경과 산업 생태계가 미흡한 것으로 나타났다. 원천 기술 부족으로 해외 의존도가 높으며 대기업과 다르게 국내 중소기업의 AI 전환 인식과 경쟁력도 부족하다. 부족한 AI 전문 인력과 컴퓨팅 클라우드 인프라도 AI 전환의 제약 요인으로 지적되고 있다. 특히 데이터가 수집·공유·활용되는 생태계가 미흡한 점은 산업에서 AI 활용·확산의 제약 요인이 되고 있다.

미국, 중국 등 주요국 빅테크 기업들이 세계 AI 분야를 주도 중인 상황에서 국내 기업의 AI 도입 지연이 글로벌 경쟁력 약화로 이어질 수 있다는 점이 우려된다. 그렇지만 AI 분야는 아직 발전 초기 단계인 만큼 후발 주자에게도 기회가 있을 것이다.

한국은 글로벌 영향력은 아직 낮지만 하이퍼클로버X 등 자체 거대언어모델(LLM)을 보유하고 있는 세계에서 몇 안 되는 국가이다. 소프트웨어정책연구소(2024년)에 의하면 우리나라의 생성형 AI 모델 수는 14개로 미국(128개), 중국(95개)에 이어 3위권에 포함되고 있다. 또한 산업 데이터를 실시간으로 수집·처리하는 기반인 세계적 수준의 네트워크 인프라와 제조업 기반을 보유하고 있다.

## 주력 산업의 AI 전환, 한국 경제 발전의 새로운 전환점

자동차·조선·철강·배터리·반도체·전자 등 국내 주력 산업은 AI 활용의 강력한 토대라 할 수 있으며, 주력 산업의 AI 전환은 한국 경제 발전의 새로운 전환점이자 승부처가 될 것으로 예상된다. 제품 혁신 측면에서 스마트폰·TV·자동차 등 다양한 분야에서 온디바이스 AI 적용이 가속화되고 있는데, 우수한 주력 제조업 기반은 온디바이스 AI화를 선도하는 기회로 작용할 것으로 기대된다.

2024년 초 국내 정보통신(IT) 기업이 세계 최초로 AI 스마트폰을 출시한 것처럼 AI 전환의 선도자(First Mover) 전략이 필요하다. 2026년은 생성형 AI 및 피지컬(Phsical) AI를 활용한 혁신이 본격화될 것으로 전망된다.

현재 AI 기술은 생성형 AI를 넘어 사람 없이 스스로 작동하는 '에이전트(Agent) AI'와 로봇, 자율주행차 등 물리적 기기에 탑재되는 '피지컬 AI'로 발전하고 있다. 이런 점에서 피지컬 AI 융합을 통해 시장을 선도하고 새로운 부가가치를 창출하기 위한 노력이 절실히 요구되며 자동차·로봇 등 한국 주력 산업에 큰 기회가 있을 것이다.

AI가 주력 산업의 저성장을 극복하고 미래 산업 경쟁력을 결정짓는 핵심 수단으로 부상한 가운데, 미국과 중국 등 주요국 간에 AI를 둘러싼 첨예한 경쟁과 견제가 펼쳐지고 있다. 이러한 점에서 2026년은 산업 AI 확산에 있어 중요한 변곡점의 시기가 될 전망이다.

한국 산업은 AI 도입 초기 단계이며 선도국에 비해 AI 역량이 미흡한 상황이다. 그러나 각 산업의 특성과 여건을 고려한 혁신 전략 추진과 지원 정책이 뒷받침된다면 빠른 추격이 가능할 것이다. 우선 선택과 집중 차원에서 AI 개발보다는 한국 산업의 강점이라 할 수 있는 'AI 활용'에 초점을 맞춘 전략이 필요하다. AI 도입 및 활용을 저해하는 요인들을 해소해 나가고 산업 AI 활성화 여건을 조성해야 한다. 산업에서 필요한 데이터가 모아지고 흐르는 생태계 구축은 산업 AI 확산과 미래 산업 경쟁력의 핵심 중 하나이다. **E**

# CHAPTER 4 한국 산업 향방

# 시험대 오른 조선업, 2026년 이후 대비해야

발주량 약 15% 감소 전망…시황 부진 지속될 것
점유율 및 경쟁력 향상·잠재적 위험 대응 전략 필요

**양종서**
한국수출입은행 해외경제연구소 수석연구원

현재 한미 조선 협력에 대한 기대감으로
분위기가 나쁘지 않지만, 이에 취해 있을 때는 아니다.
점유율을 향상하고 경쟁력을 높이는 노력과 함께
잠재적 위험에 대비하는 전략을 가다듬어야 할 때다.

경남 거제시 대우조선해양 본사에서 숙련공이 일하고 있다. [사진 연합뉴스]

**2025년 미국 도널드 트럼프 행정부가 교역 국가를 대상으로 응징적 관세를 부과하면서 세계 경제가 성장률 둔화 등의 어려움을 겪는 상태다.** 관세가 도구로 사용되면서 국제 교역에도 영향을 미쳐 해운업은 직접적인 타격을 받았다.

컨테이너 해운 시장에서는 지난 2021년 이후 대량 발주된 선박의 본격 인도로 시황 하락 압력이 높은 가운데, 수요까지 둔화해 상하이발 컨테이너 운임지수(SCFI)가 2025년 3분기 말까지 연초 대비 54%나 하락했다. 벌크선 운임지수(BDI) 역시 같은 기간 평균 1527로 1년 전보다 17% 낮은 수준을 보였다. 해운업의 부진은 당연히 조선 업황에도 영향을 미친다.

### 신조선 수요, 2021년부터 회복세…2025년은 한풀 꺾여

장기간 부진했던 신조선 수요는 지난 2021년부터 살아났다. 조선 업황이 호전된 이유는 크게 2가지다.

첫 번째는 화석 연료 중 가장 청정한 에너지로 평가되는 액화천연가스(LNG)의 수요와 공급이 급격히 확대되면서 LNG선의 수요가 급증했다는 점이다.

더 중요한 두 번째 이유는 해상의 탄소중립을 위한 국제해사기구(IMO)와 유럽연합(EU)의 환경 규제가 강화되면서 해운 업계에 노후선을 최신형 친환경 선박으로 교체하라는 압력이 커지고 있기 때문이다.

코로나19의 특수로 수익성이 높아진 컨테이너선주가 신조선 발주량을 크게 늘리면서 지난 2021년 이후 신조선 시황의 호조가 시작됐다. 2024년에는 역사상 세 번째로 많은 약 7600만 CGT(표준선 환산 톤수)의 신조선 물량이 발주되기도 했다.

2025년의 발주 수요는 한풀 꺾인 모습이다. 영국 조선·해운 시황 전문 기관 클락슨리서치에 따르면 3분기까지 세계 신조선 발주량은 3264만 CGT로 지난해 3분기보다 47%나 감소했다.

세계 경제 상황과 해운 시황이 부정적 영향을 미친 점이 결정적인 이유로 추정된다. 국제적인 환경 규제 강화에도 아직까지 이를 충족할 대체 연료가 뚜렷하게 제시되지 못하고 있다는 점도 문제다. 약 30년을 사용해야 하는 자산인 선박에 선주가 선뜻 투자하지 못하는 관망세까지 확산된 것으로 보인다.

발주량이 수치상 반토막 수준으로 줄었으나 전년도의 폭발적인 호황과 비교해 감소 폭이 크게 보일 뿐, 건조해 인도되는 물량과 유사한 수준의 발주는 이뤄지는 상황이다. 다소 부족한 듯하지만 심각한 침체 수준은 아니다.

## 韓 신조선 시장 점유율 급락…가격 상승·중국 저가 공세 영향

국내 조선업의 상황은 더 심각하다. 국내 조선 업계의 2025년 1~3분기 수주량은 734만 CGT로 전년 동기 대비 17% 줄어든 수준이다. 2025년 한국의 건조(인도)량은 1200만 CGT를 넘어설 것으로 예상된다.

수주량은 약 950만 CGT에 그쳐 연간 빠져나간 일감을 메우지 못하는 부진한 수주 실적을 기록할 가능성이 크다. 세계 신조선 수요가 심각한 수준이 아닌데도 우리 업계의 수주 실적이 부진한 이유는 수주 점유율이 과거보다 떨어졌기 때문이다.

한국의 신조선 시장 수주 점유율은 중국이 대규모 조선 설비 투자를 완성하고 물량전으로 수주전에 뛰어들기 시작한 2000년대 후반 이래 대부분 30% 초중반대를 지켜왔다.

점유율이 급격하게 하락하기 시작한 건 지난 2023년부터다. 2023년 19.9%였던 점유율은 작년 14.3%까지 떨어졌다.

올해 들어 미국의 중국산 선박 제재로 선주가 일정 수준 한국산 선박을 보유해야 한다는 인식이 생겨나며 점유율을 다소 회복했으나, 지난 9월까지 22.5% 수준에 그쳤다.

점유율이 하락한 이유는 지난 2021년 이후 신조선 가격이 약 50% 이상 상승하며 선주가 가격에 예민해진 상황에서 중국이 여전히 저가 공세를 지속하고 있기 때문이다.

과거 한국 조선 산업 구조 조정 과정에서 많은 숙련공이 이탈하고 이를 비숙련 외국인 인력으로 메우면서 한국산 선박의 품질이 저하된 점도 큰 이유 중 하나다.

지난 10년간 중국이 정부의 막대한 투자와 지원으로 품질을 높이면서 품질 차이가 좁혀진 반면, 가격 차이는 유지되고 있기 때문이다. 한국 조선 업계는 잃어버린 점유율을 회복해야 하는 과제까지 떠안게 됐다.

## 경영 실적 전망 긍정적…중단기적 위기 직면 가능성도

2026년 신조선 시황 전망은 밝지 않다. 해운 시황은 더 나빠질 것으로 보이고 선주의 관망세는 확대되거나 최소한 유지될 것으로 우려된다.

2026년 발주량은 올해보다 약 15% 감소한 3500만 CGT 내외로 예상된다. 현재 확보한 일감이 많아 정상적인 건조 활동으로 약 4200만 CGT 내외의 물량을 인도할 것임을 고려하면 세계 조선 업계가

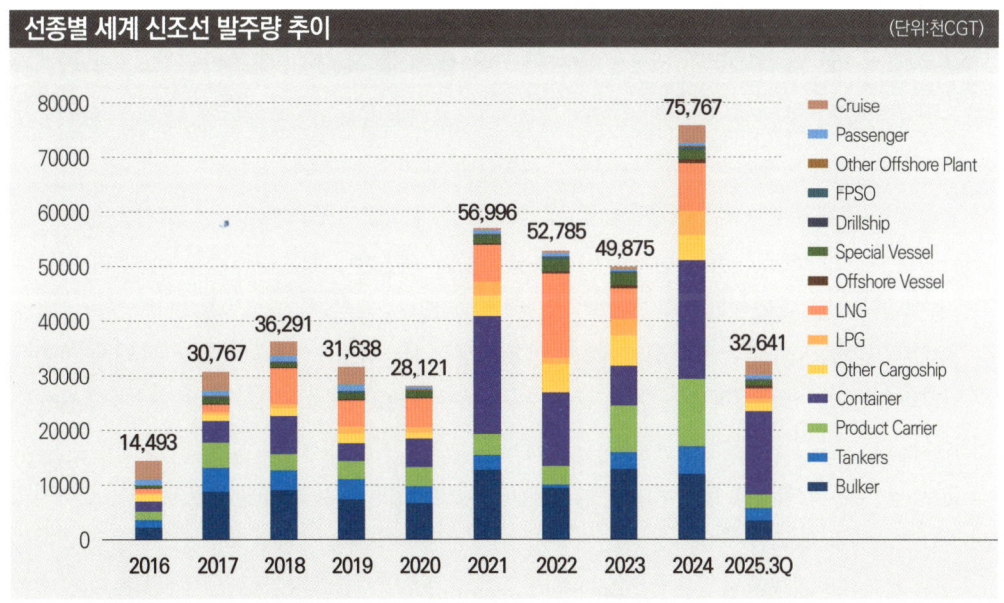

선종별 세계 신조선 발주량 추이 (단위:천CGT)

자료:Clarkson

경기도 평택항에 컨테이너가 쌓여 있는 모습. [사진 연합뉴스]

확보한 수주 잔량이 15% 이상 줄어드는 부진한 시황을 보일 것으로 예측된다.

한국 조선 업계의 수주 역시 900만 CGT 내외로 약 5% 감소할 것으로 보인다. 그나마도 올해 부진했던 LNG선 수요가 2026년 다소 증가하고, 점유율 회복을 위한 국내 조선 업계의 노력을 통해 25% 정도로 늘어날 수 있을 때 가능한 수준이다.

확보한 일감도 많고 외국 인력 도입으로 고전했던 생산 시스템도 안정화하고 있어 건조(생산) 활동은 정상적이다. 가격 상승기의 고가 수주 물량이 많이 남아 2026년 조선사 경영 실적 전망은 여전히 긍정적이다.

2026년 이후의 시황에 대해서도 우려가 크다. 지난 2025년 10월 IMO 해양환경보호위원회(MEPC) 회의에서 2050년 넷제로 달성을 위한 개정 규정이 유예됐다. 선박의 온실가스 배출량에 따라 탄소세를 부과하는 강력한 환경규제인 IMO 중기 조치 시행이 연기됐다는 뜻이다. 시간을 벌게 된 선주의 관망세가 더욱 커져 신조선 시황 부진이 몇 년 더 지속될 가능성이 크다.

우리 업계는 약 3년치의 일감을 확보해 내년도 시황 부진 정도는 아직 감내할 여유가 있지만, 이런 상황이 수년 더 지속된다면 중단기석 위기에 다시 직면할 수도 있다.

현재 한미 조선 협력에 대한 기대감으로 분위기가 나쁘지 않지만, 이에 취해 있을 때는 아니다. 점유율을 향상하고 경쟁력을 높이는 노력과 함께 잠재적 위험에 대비하는 전략을 가다듬어야 할 때다. **E**

# CHAPTER 4 한국 산업 향방

# 2026년은 건설 산업의 연착륙 시기

정부 공공투자 확대 전망…민간 부문 투자 확대 감소
지역 양극화…사업성 확보할 수 있는 지역 '제한적'

**이은형**
대한건설정책연구원 연구위원

서울은 소폭이더라도 상승 추세가 지속될 것으로 볼 수 있지만
지방까지 포함한 전반적인 상승장을 기대하기는 어렵다.
지방은 글자 그대로 양극화, 지역에 따라서 하락이나 보합이
엇갈리는 양상을 보인다.

**2025년에 이어 2026년의 건설 업황도 연착륙의 시기로 보는 것이 적절하다.** 건설업의 위기를 촉발했던 주요 사안이 금리 변동이었기에 지난 3년간의 금리 흐름을 돌이켜보면 보다 쉽게 이해할 수 있다. 2022년 1월에 0.25%였던 미국 기준금리가 당해 연도 말에 4.5%로 급등하면서 국내 주택시장의 위축이 초래되며 부동산프로젝트파이낸싱(Project Financing·PF)을 위시한 건설 업황에 영향을 끼쳤다. 이후 2023년을 거쳐 2024년 8월까지의 기준금리 상단은 5.5%로 정점을 찍었다. 2025년 10월부터는 인하된 기준금리가 4.0%까지 내려왔지만 그렇다고 해서 건설 산업의 분위기를 긍정적으로 평가하기는 어렵다.

국내 주택시장의 호조에 힘입어 건설 공사의 수주 실적은 2020년대 초반까지 역대급을 기록했으며 그 여파는 기준금리의 급등이 시작된 2022년까지 미쳤다. 이후 사업성이 악화된 부동산PF를 위시해서 건설사들의 폐업 증가와 미분양 등이 가시화되며 극단적인 위기론까지 대두되었지만 다행히 현실화되지 않았다.

일각에서는 지속적인 건설 수주의 급락을 예상했지만 적어도 명목금액상의 수주 실적만으로 평가한다면 완만한 하향 또는 보합이라고 볼 수 있다. 실제로 2022년에 248조 원 규모로 정점을 찍었던 국내 수주는 ▲2023년 207조 원 ▲2024년 218조 원 ▲2025년(1~8월) 133조 원을 기록했다. 연말에 공사 발주가 집중돼 증가하는 건설업의 특성을 감안하면 2025년에도 전년 대비 큰 폭의 감소는 없을 것으로 예상할 수 있다. 세부적으로 살펴보면 건축과 토목건설에서는 양상의 차이가 없으나 공공과 민간 부문에서는 후자의 비중이 좀 더 클 것으로 예상된다. 그렇더라도 전체적으로는 글자 그대로 연착륙이다. 이런 양상은 2026년에도 이어질 것으로 보인다.

코로나19 시기와 공사 물량의 증대가 겹쳤던 지난 시기부터 지적된 자재비 급등 같은 공사비 문제는 일정 수준이 유지되는 추세를 보였다. 공사비 자체는 과거보다 크게 오른 것이 사실이지만 최근 시점 대비 급등하는 이슈는 아니다. 공사 감소 같은 요인들이 반영된 결과이다.

## 공공 중심의 건설 투자 확대와 PF 구조조정

정부의 공공투자는 확대될 예정이다. 국토교통부의 2026년 예산안은 역대 최대 규모인 62조 5000억 원이다. 이 중에서도 수도권 광역급행철도(GTX)와 신공항 등을 포함한 사회간접자본(SOC) 예산은 전년 대비 6.8% 늘어난 20조 8000억 원 규모에 달한다.

반면 민간 부문의 투자 확대는 녹록지 않다. 가령 지난 수년간 이슈였던 부동산PF에 대한 구조조정은 여전히 진행 중이다. PF는 특정 사업의 향후 예상되는 사업성과 현금흐름을 근거로 현재 시점에서 자금을 지원하는 금융 기법으로서 기준금리 급등, 조달 비용의 변동에 따라 사업성이 좌우된다. 지금은 금리 상단이라는 시장 불확실성은 해소된 반면 적절한 수준으로의 완화가 전제되지 못했기에 추가적인 PF 투자는 지연되거나 감소하는 경우가 적지 않다. 부동산·주택 관련 사업들이 전반적으로 위축된 상황이다.

부동산PF의 구조 조정에 대해 정부는 지속적인 '부동산PF 상황 점검회의'를 통해 경과를 공개하고 있다. 그에 따르면 2025년 6월까지 유의·부실우려 사업장 중 12조 7000억 원을 정리·재구조화했다. 이런 결과에는 금리 인하 등 리파이낸싱에 필요한 자금 조달 여건의 개선이 영향을 미쳤다.

부실 PF로 인한 급격한 시장 충격의 가능성이 종전보다 감소했더라도 이에 대한 구조조정은 여전히 진행 중이다. 한국신용평가에 따르면 2025년 9월 말 기준 정보공개 플랫폼상의 경공매 추진 사업장 잔액은 10조 6000억 원으로서 이 중 9조 1000억 원은 인허가나 착공 전 단계의 브리지론(착공 전 단기대출)이다. 이들 중 ▲아파트 ▲주상복합 ▲기타 주거시설의 비중이 상당한 것에 유의해야 한다. 또한 금융권 PF 대출의 연체율 추이를 감안하면 향후 부실 PF 사업장이 추가될 가능성을 배제할 수 없다. 따라서 정부 주도의 부동산PF 구조조정은 2026년에도 지속된다.

## 지역적 양극화 등…건설 업황 회생은 한계

민간 부분의 시장 상황은 정부 정책보다는 시장 수요에 따라 달라진다. 대표적인 것이 주택시장이다. 한때 미국 기준금리 급등이라는 갑작스러운 외부 변수의 여파로 급격히 위축됐던 시장은 해당 변수의 영향이 일정 수준 감수할 만한 또는 예상 범위일 것이라고 판단한 수요자들에 의해 주택 거래 등이 점차 증가하거나 가격이 반등하는 양상으로 이어졌다.

실제로 2024년 상반기에 서울 주요 지역의 가격 상승이 부각되면서 하반기에는 정부의 수요 억제와 공급 정책이 발표됐고, 연이어 2025년 상반기에는 주요 지역에 인접한 곳들까지 가격 상승이 이슈가 되면서 강력한 정부 대책이 취해졌다. 이렇듯 적어도 서울 생활권에서는 거래 건수는 감소하더라도 가격변동의 방향성은 유지될 가능성이 높다. 특히 서울과 인접 수도권으로 범위를 한정한다면 지금은 주택가격의 방향성에 대한 논란이 미미하다는 점이 중요하다. 여기서 '방향성'이라는 단어를 '시장 수요'로 바꿔도 무방하며, 이는 민간 건설 투자의 수요로 이어진다.

다만 전국 단위로는 지역별로 양상이 다를 수밖에 없다. 지금은 아파트를 위시한 전국의 주택 가격이 동일한 방향으로 움직이지는 않기 때문이다. 서울은 소폭이더라도 상승 추세가 지속될 것으로 볼 수 있지만 지방까지 포함한 전반적인 상승장을 기대하기는 어렵다. 지방은 글자 그대로 양극화, 지역에 따라서 하락이나 보합이 엇갈리는 양상을 보인다. 예를 들어 2025년 8월 기준 약 6만 7000호로서 전년 동월 대비 별다른 개선을 보이지 못했던 전국의 미분양 주택 규모가 해를 넘긴다고 해서 드라마틱하게

서울 남산에서 바라본 한강변 아파트 단지. [사진 연합뉴스]

감소할 것으로 예상하기는 어렵다.

　이를 건설 투자의 측면에서 본다면 신규 사업의 추진 과정에서 사업성을 확보할 수 있는 지역이 제한된다는 의미이다. 주택만이 아닌 설비 투자나 상업용 부동산 등의 시장도 맥락은 동일하다.

　공교롭게도 정부 정책은 건설 투자에 있어 상반된 측면을 보인다. 주택 공급 확대 등의 정책 방향은 동일하지만, 서울을 비롯한 주요 지역의 주택 수요를 억제해서 가격 상승을 제어하겠다는 목표가 더해졌기 때문이다. 주택담보대출의 상한을 6억 원으로 설정하고 서울 전 지역을 규제 지역으로 설정하는 등의 내용을 담은 '9·7 대책'과 '10·15 대책'이 대표적이다. 정부가 의도하지 않았던 사업 비용의 증가 요인도 더해졌다. 건설 현장의 안전관리 강화 등을 골자로 하는 '노동안전 종합대책(9·15)'은 공사비 증가 요인으로 작용할 여지가 있다. 정책 방향은 우리 사회에 꼭 필요한 내용이지만, 요구되는 수준의 안전 확보에 어느 정도의 공기와 공사비가 적정한지가 경험적으로 확립되지 못한 상황이라는 점에서 아쉬운 부분이 있다. **E**

# CHAPTER 4 한국 산업 향방

# 유통 구조 재편…양적 팽창에서 질적 경쟁으로

1인 가구 비중 약 42%…유통 채널 세분화·전문화
유통 기업, 소비자 만족·생존 위한 혁신 지속해야

**구진경**
산업연구원 신성장동력연구실장

기업은 낮은 마진 구조 속에서도
소비자 만족과 생존을 동시에 달성하는 혁신을 지속해야 한다.
그것이 향후 유통 산업의 지속 가능한 경쟁력의
핵심이 될 것이다.

서울 시내의 대형마트에서 시민들이 장을 보고 있다. [사진 연합뉴스]

**2025년은 한국 유통 산업의 오랜 구조 변화가 가시화된 해였다.** 코로나19 이후 온라인 소비가 일상으로 자리 잡으면서, 오프라인 채널은 정체되고 온라인 쇼핑 채널은 국내 유통 산업의 가장 큰 비중을 차지하는 소매 유통 채널로 자리 잡았다. 2026년 유통 산업은 구조적 재편이 본격화하는 흐름이 더욱 심화하며, 양적 팽창에서 질적 경쟁으로의 전환점을 맞게 될 전망이다.

### '퀵커머스' 등장…기존 비즈니스 모델도 변화

통계청에 따르면 지난 2024년 기준 1인 가구 비중은 42%에 달한다. 인구 구조가 변화하면서 대량 구매보다는 소포장 식품·간편식(HMR)을 선호하는 추세다. 근거리 매장과 즉시배송 이용도 일반화됐다.

　　가격 중심의 '가성비'(가격 대비 성능)에서 만족 중심의 '가심비'(가격 대비 심리적 만족도)로의 이동, 즉 가격보다 '만족감과 공감'을 중시하는 소비로 전환하고 있음을 보여준다.

이 같은 변화는 유통 채널의 세분화와 전문화를 촉진했다. 소비자가 자신이 공감할 수 있는 브랜드와 가치관을 기준으로 쇼핑 채널을 선택하면서 전문 유통 포맷이 약진하는 모습이다.

도심 밀집 지역을 중심으로 '하이퍼로컬'(Hyper-local) 유통망도 빠르게 확장하는 추세다. 소비자는 ▲더 가까운 곳에서 ▲더 빠르게 ▲더 개인화된 서비스를 원한다.

'즉시배송'(Quick Commerce) 시장은 오는 2030년 약 5조 9000억 원 규모로 성장할 전망이다. 소비자 접점의 빈도와 데이터의 깊이가 경쟁력을 좌우하며, 유통의 경쟁 축은 '규모'(Size)에서 '밀착성'(Closeness)으로 이동하고 있다.

기존 소매 유통 채널의 비즈니스 모델도 변화하는 상황이다. 백화점 산업은 팬데믹 이후 이어진 명품 중심 성장의 정점을 지나 경험 중심의 리테일 공간으로 재편되고 있다.

소비자는 구매보다 '머무는 이유'를 찾는다. 매장은 브랜드 경험의 무대가 됐다. ▲애플리케이션

'하우스 오브 신세계'의 고객 대기 공간인 아트리움. [사진 신세계백화점]

(앱) 예약 ▲증강현실(AR) 피팅 ▲픽업 서비스 등 디지털 전환이 빨라지며 백화점은 오프라인 감성과 온라인 효율을 결합한 데이터 허브형 플랫폼으로 진화하는 모습이다.

## '생활 거점형 플랫폼' 된 대형마트…편의점, 성숙기 진입

라이프스타일의 변화는 대형마트에 가장 직접적인 충격을 줬다. 산업부에 따르면 대형마트 매출은 1년 사이 소폭 감소했다.

개별 기업의 경영 부진이라기보다는 유통 산업의 채널 구조가 근본적으로 재편되고 있기 때문이라고 볼 수 있다. 주요 대형마트의 폐점 증가와 홈플러스 인수전 지연은 산업 내 구조 조정이 본격화하고 있다는 사실을 보여준다.

유통 산업에서 대형마트의 역할은 더욱 중요해지고 있다. 과거처럼 대규모 점포를 확대하기보다는 기존 점포를 지역 기반의 복합 유통 거점으로 활용하는 '생활 거점형 플랫폼'(Living Hub Platform)으로 진화하는 모습이다. 대형마트의 물리적 확장은 정체되겠지만, 데이터·물류·서비스 융합을 통한 가치 확장이 새로운 성장의 열쇠가 될 것이다.

1인 가구 증가와 함께 성장한 편의점은 출점 중심의 양적 성장 단계를 지나 성숙기에 진입했다. 전국 점포 수는 감소했으나 점포당 매출과 서비스 매출 비중은 커졌다. ▲무인 결제 ▲인공지능(AI) 발주 ▲스마트 선반 등 운영의 디지털화로 효율성을 높이고 ▲택배 ▲반품 ▲간편결제 ▲공과금 납부 등 생활형 서비스 매출이 빠르게 늘고 있다.

편의점은 물건을 파는 곳이 아니라 서비스 플랫폼으로 변화 중이다. 퀵커머스와 즉시배송 거점, 기업간거래(B2B)·기업과정부간거래(B2G) 연계 기능까지 강화하고 있다. 향후 경쟁력은 점포 수가 아니라 점포 활용도와 데이터 역량에 의해 결정될 것이다.

## 버티컬 커머스·H&B 성장 이어질 것

2026년 온라인 쇼핑은 폭발적 성장기를 지나 정밀성과 수익성 중심의 경쟁 국면으로 접어들 것으로 보인다. 통계청에 따르면 2025년 온라인 거래액은 전년 대비 8.6% 증가했지만 성장세는 둔화했다. 전체 유통 거래액에서 차지하는 비중은 57%에 달한다.

시장은 포화 단계에 진입했다. 이제 더 많은 고객 확보보다 고객 이해의 깊이가 중요해지는 추세다. 인공지능(AI) 수요 예측과 개인화된 추천 서비스는 기본 기능이 됐고 ▲리테일 미디어 ▲구독형 멤버십 ▲반품 데이터 관리 등 비거래 영역 수익화가 확산하고 있다.

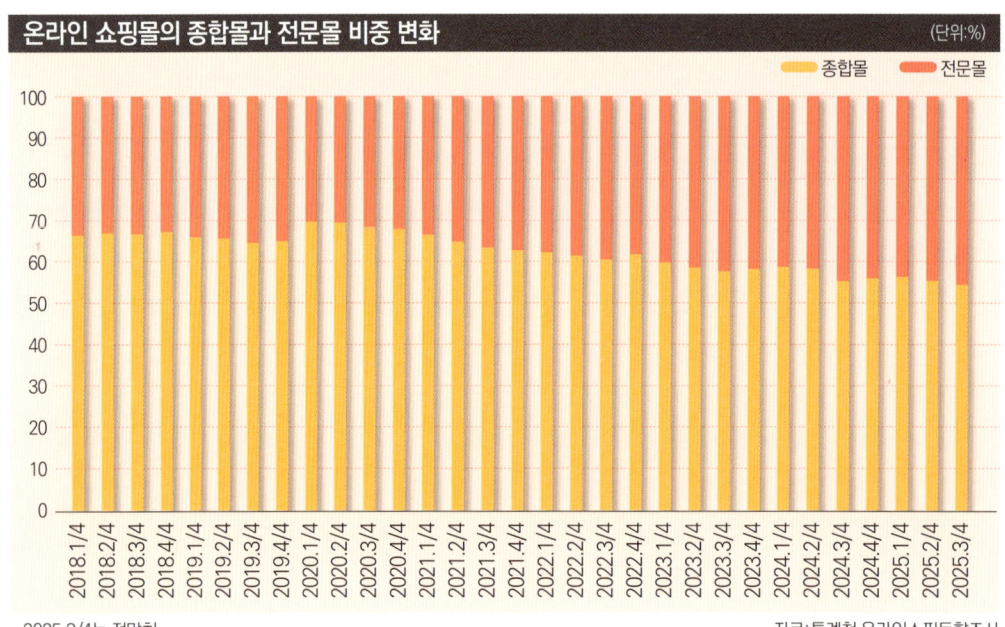

**온라인 쇼핑몰의 종합몰과 전문몰 비중 변화** (단위:%)

종합몰 · 전문몰

*2025.3/4는 전망치
자료:통계청 온라인쇼핑동향조사

버티컬 커머스(vertical commerce)와 전문몰이 성장하며 '가격'보다 '취향'과 '콘텐츠'가 구매를 이끄는 시장으로 변화 중이다. 기술 혁신이 수익성 회복의 핵심 변수로 작용하면서 온라인 유통은 AI·데이터·콘텐츠 융합형 지능 산업으로 더욱 진화할 것이다.

한국 유통 산업의 중심축은 종합형 채널에서 전문화된 세분 시장으로 옮겨가는 상황이다. 온라인과 오프라인 유통 모두에서 이러한 경향이 일어나고 있다.

통계청에 따르면 온라인 쇼핑몰 중 전문몰 비중은 지난 2017년 33.2%에서 2025년 45.5%로 늘었다. 전문몰 거래액은 1년 전보다 10% 이상 성장했다. 소비자가 단순 가격보다 ▲카테고리 전문성 ▲브랜드 스토리 ▲커뮤니티 경험 등을 중시하기 때문이다.

온라인에서는 '버티컬 커머스', 오프라인에서는 '헬스앤뷰티'(H&B)의 약진으로 확인 가능하다. 2026년에도 이들 채널의 성장은 이어질 전망이다. 견고한 충성 고객을 기반으로 카테고리를 확장하고, 국내 시장을 넘어 글로벌 시장 진출이 가속화할 것으로 보인다.

패션·인테리어·뷰티 등 특정 카테고리에 집중하는 버티컬 커머스인 ▲무신사 ▲에이블리 ▲오늘의집 등은 단순 판매를 넘어 ▲리뷰 ▲사회관계망서비스(SNS) 콘텐츠 ▲라이브 방송을 결합한 '참여형 커뮤니티 플랫폼'으로 진화하고 있다.

건강과 뷰티를 결합한 H&B 스토어는 국내 소매시장의 핵심 성장 채널로 부상했다. 스태티스타에 따르면 오는 2030년까지 H&B 시상은 연병균 5.8% 성상할 것으로 예상된다. ▲뷰티 ▲웰니스 ▲디지털 융합이 트렌드다.

변화한 소비 트렌드에 맞춰 유통 기업의 혁신은 지속되고 있다. 방향은 소비자 가치 제고, 핵심은 개인화된 서비스다. 2026년 한국 유통 산업은 규모 경쟁에서 개인화된 가치 경쟁으로 이동하는 모습이다.

시장 주도권은 누가 더 ▲정확히 소비를 예측하고 ▲빠르게 대응하며 ▲깊이 공감하느냐에 따라 결정된다. 데이터 기반 기술이 이를 뒷받침하지만, 완전한 개인화는 여전히 어려운 과제다.

기업은 낮은 마진 구조 속에서도 소비자 만족과 생존을 동시에 달성하는 혁신을 지속해야 한다. 그것이 향후 유통 산업의 지속 가능한 경쟁력의 핵심이 될 것이다. **E**

# CHAPTER 4 한국 산업 향방

# 식음료업계, 내수 한계 넘어야 산다

내년 성장률 1.9% 전망…소비 개선 기대 어려워
'K푸드' 인기 적극 활용해 글로벌 브랜드로 도약해야

**이종우**
아주대 경영학과 겸임교수

대한민국 사회 전 영역에서 경제 활성화를 위해 노력하고 있지만,
우리가 마주한 저성장 기조의 획기적인 반전은
여전히 요원해 보인다.
2026년 어려운 내수 시장 한계를 넘어 글로벌 식품으로 발돋움해,
국내 식음료 산업 전반의 성장 모멘텀을 만들길 기원한다.

서울 명동에서 외국인 관광객이 간식거리를 고르고 있다. [사진 연합뉴스]

**2025년 국내 식음료 시장에는 반가움과 아쉬움이 공존한다.** 희소식은 K-푸드의 전 세계적 약진이다. '불닭볶음면'과 '비비고'로 시작된 K-푸드의 인기는 이제 특정 브랜드를 넘어 소주, 라면 등 우리가 평소에 즐기는 일상적인 제품으로 확산했다. K-푸드 자체가 하나의 글로벌 브랜드로 성장한 모습이다.

2025년은 'K-푸드 글로벌 도약의 해'라고 할 만큼 세계 시장에서 K-푸드의 대중화가 두드러진 한 해였다. 2025년을 휩쓴 넷플릭스 오리지널 영화 '케이팝 데몬 헌터스'의 흥행으로 작품 속에 등장한 ▲컵라면 ▲김밥 ▲스낵 등이 인기를 끌었다. 한국을 찾은 관광객 사이에서는 드라마나 영화에 나온 한국 식품을 맛보고 경험하는 일이 '필수 코스'가 됐다.

식음료 시장을 힘들게 한 뉴스는 수시로 매스컴을 장식한 '식품 가격 인상'이다. 해외 원재료 가격과 환율 상승 등으로 가격 조정이 불가피했지만, 밥상 물가에 대한 여론은 썩 좋지 못하다.

두 가지 뉴스는 국내 식품 기업 실적에도 영향을 줬다. 국내 1위 식품 기업 CJ제일제당(대한통운 제외)의 매출은 2025년 상반기 8조 6849억 원으로 전년 대비 1.0% 감소했다. 영업이익도 4814억 원으로 1년 전보다 9.5% 줄었다. 음료 선두 기업 롯데칠성음료도 ▲매출 1조 9976억 원 ▲영업이익 874억 원으로 각각 1.9%, 9.9% 감소하며 부진한 실적을 보였다. 세계에서 K-푸드를 주목하지만, 내수 부진으로 주요 식품 기업은 2025년이 그리 녹록지만은 않았다.

삼양식품의 경우 2025년 상반기 매출이 1조 821억 원을 기록했다. 2024년 상반기보다 33.6% 증가한 수준이다. 같은 기간 영업이익도 2541억 원으로 49.8%나 늘었다. 삼양식품 매출의 약 80%가 해외 시장에서 발생하기 때문이다.

2026년 국내 식음료 시장 전망은 어떨까. ▲소비 ▲원가 ▲유통의 3가지 측면에 대한 분석을 통해 내년도 시장을 전망하고, 기업의 방향을 제시한다.

## "소비 줄고 가격 인상 부담 커진다"

첫 번째, 기업의 매출에 가장 직접적인 영향을 미치는 요인은 소비다. 국제통화기금(IMF)은 2025년 대한민국의 경제 성장률을 0.9%로 예측했다. 코로나19가 발생한 해를 제외하면 지난 15년간 가장 낮은 성장률에 해당한다.

IMF는 2026년 한국이 1.9% 성장할 것으로 예상했다. 2% 이하의 저성장 기조는 소비 개선을 기대하기에는 부족한 수치다.

저성장 여파는 수년간 소매판매액지수가 감소 추세를 보인다는 점에서 맥을 같이 한다. 식료료는 대부분 필수재에 속해 가전·가구·의류 산업 대비 불황의 영향이 덜하지만, 따뜻한 햇살을 기대하기엔 어렵다고 볼 수 있다. 2026년에는 국내 정치의 안정과 국내 주식시장 활황에 따른 경제 활성화를 일부 기대할 여지가 있다.

두 번째, 식음료 산업의 원가 구조를 보고자 한다. 식음료 산업은 원재료 비중이 높은 산업으로 원가 관리가 이익에 큰 영향을 미친다.

최근 식품의 원재료 시장 가격 변동성은 그 어느 때보다 심한 상황이다. 국내 식품 산업의 주원료인 ▲밀가루 ▲대두 ▲팜유 등은 대부분 수입에 의존해 국내에서 통제하기가 어려운 부분이 있다.

지난 2022년 우크라이나-러시아 전쟁이 발발하며 밀가루 가격이 크게 올랐다. 기후 변화로 인한 식품 원료 공급 영향도 점차 현실화하고 있다.

작년 말 초콜릿 가격은 역대 최고를 경신했다. 카카오 주산지인 서아프리카에 내린 기록적 폭우로 생산량이 급감했기 때문이다.

김정수 삼양식품 부회장. [사진 삼양식품]

급격한 원재료 가격 변동은 기업의 불확실성을 높이고, 이익 감소로 상품 가격 인상이라는 부담을 갖게 만든다. 기업의 대응 전략에 따라 자칫 이익 감소뿐만 아니라 시장을 잃을 수도 있다.

지난해부터는 환율이라는 생각지 못한 변수가 발생했다. 일반적으로 식품 가격 인상에 영향을 주는 원인으로 원재료만을 떠올리지만, 환율 상승은 수입 원가에 즉시 반영되기 때문에 더 민감한 요인이다.

원·달러 안정 환율을 1350원 전후로 내다보는데, 등락을 거듭하던 환율은 현재 1400원대로 올라가며 식품 기업에 큰 부담을 주고 있다.

연이은 식품 가격 인상에 따라 국내 부정적 여론과 시장의 민감도가 높아져 유연한 가격 대응은 쉽지 않은 상황이다. 2026년 식음료 기업으로서는 시장 점유율 확대를 위한 매출 신장보다는 이익을 지키며 내실을 다지는 전략이 필요하다.

| 2026년 식음료 산업 전망 | | | |
| --- | --- | --- | --- |
| 구분 | 소비 | 원가 | 유통 |
| 전망 | ⛅ | ☁ | ☀ |
| 주요 내용 | - 저성장 속 소비 침체<br>- 일부 소비 개선 기대 | - 기후 변화, 환율 불확실성<br>- 어려운 가격 인상 | - 이커머스, 편의점으로 이동<br>- 해외 수출 및 관광객 기회 |

## 대응 역량 중요…"변화 흐름 잘 읽어야"

세 번째는 식음료 기업의 매출과 이익의 기회를 창출하는 유통이다. 시장을 공략하기 위해서는 유통 전략이 중요하다. 기업 실적 성패를 결정할 정도로 유통 전략의 중요성은 커지고 있다.

국내 유통 시장은 2020년대 들어 크게 변화하고 요동치는 상황이다. 오프라인 유통은 쇠퇴하고 전자상거래(이커머스) 시장으로 주류가 넘어갔다. 전통적으로 유통 채널별 시장을 주도했던 상품도 변화하기 시작했다.

식음료 시장을 석권했던 대형마트는 점차 힘을 잃고 있고, 이커머스와 편의점 유통은 식품 시장에서 확실한 성장을 보여 주는 모습이다.

코로나19 팬데믹 이후 외식 산업은 하락세에 접어들었고, 코로나19 이후에도 경기 불황의 직격탄을 맞아 어려움을 겪고 있다. 이 여파는 최근 식자재 시장을 어렵게 해 식품 기업 실적에도 부정적인 영향을 미치는 상황이다.

유통 시장의 변화는 새로운 식음료 브랜드에는 기회가 될 것이다. 변화하는 유통 채널과 시장을 잘 읽고 주요 유통 기업과 전략적 관계를 통해 시장을 확장해야 한다.

시장 소비자 타깃을 ▲내수 소비자 ▲내수 식자재 ▲수출 ▲해외 관광객 네 가지로 나눠 세부적 마케팅 전략으로 공략해야 한다. 유통 시장 변화에 따른 상품 기획과 적합한 유통 채널 공략이 각 식품 기업의 시장 확보에 중요한 열쇠가 될 것이다.

2026년 식음료 소비 시장의 가격 민감도는 저성장 기조 유지로 점차 강해질 전망이다. '가성비'(가격 대비 성능) 경쟁은 더욱 치열해질 것으로 보인다.

국내 식품 기업은 수년 전부터 종합식품기업을 표방하며 다양한 상품군으로 진출을 꾀했다. 조미

료면 조미료, 만두면 만두 등 각 카테고리의 대표 브랜드가 시장 지배력을 공고히 하던 과거와 달리, 이제 유통 채널의 모든 매대에서 여러 기업의 제품이 경쟁하는 시대다.

다양한 선택지 속에서 까다로워진 소비자의 눈높이는 맛과 건강, 특별한 가치까지 요구하는 상황이다. 기업들은 소비자의 눈길을 끌기 위해 ▲레트로 ▲컬래버레이션 ▲팝업스토어 등 복합적인 콘셉트의 기획을 선보였다. 트렌디한 소비자의 마음을 얻기 위해 신규 브랜드 개발 주기는 점차 짧아지면서 빨라지고 있다.

주목할 부분은 ▲가성비 ▲경쟁 심화 ▲급변하는 트렌드 등에 적응할 식음료 기업의 대응 역량이다. 결국 ▲대규모 상품 기획 ▲신제품 개발 ▲마케팅 비용 투자 등에는 인색해질 수밖에 없다. 누가 먼저 시장의 변화를 읽고, 얼마나 빠르게 대응할 수 있느냐의 싸움이 될 것이다.

2026년 식음료 시장을 ▲소비 ▲원가 ▲유통 3가지 부문으로 분석해 본 결과, 거시 경제 등 외부 환경에 따른 성장을 기대하기에는 여의치 않은 상황이다.

대한민국 사회 전 영역에서 경제 활성화를 위해 노력하고 있지만, 우리가 마주한 저성장 기조의 획기적인 반전은 여전히 요원해 보인다. 장바구니 물가에 대한 국민 정서를 고려하면 이익 확보를 위한 가격 인상도 쉽지 않을 것이다.

한 가지 기회 요인이라면 K-푸드에 대한 전 세계적인 관심으로 커진 해외 소비자 시장이다. 2026년 어려운 내수 시장의 한계를 넘어 글로벌 식품으로 발돋움해 국내 식음료 산업 전반의 성장 모멘텀을 만들길 기원한다. **E**

# CHAPTER 4 한국 산업 향방

# 철강·화학 산업, 위기는 계속된다

철강·화학 산업 위기는 전 세계 공통
굴뚝산업 철강·화학, 친환경 능사 아냐

**이덕환**
서강대 명예교수

철강과 화학 산업의 불황에 대한 우리의 깊은 고민은
2026년에도 계속될 것이다. 다른 길은 없다.
설비를 최대한 감축하는 구조 조정의 고삐를 바짝 틀어쥐고,
고부가가치의 제품 개발을 서둘러야 한다.

경기도 평택시 평택항에 철강 제품이 쌓여 있다. [사진 연합뉴스]

**산업통상자원부가 화학 산업의 중심지인 여수·서산·포항을 산업위기선제대응지역으로 지정했다.** 철강 도시인 포항·광양·당진의 단체장과 상공회의소도 산업 위기를 극복하기 위한 범정부적 고강도 대응을 촉구하고 있다.

　　1961년 충주비료와 1973년 포항제철에서 시작돼 한강의 기적을 가능하도록 만들어 준 핵심 국가 기간 산업인 철강·화학 산업이 심각한 위기에 빠져들고 있다는 뜻이다. 상황은 매우 심각하다. 철강·정유·석유화학 산업이 흔들리면 제조업에 필요한 에너지와 소재의 안정적인 공급이 불가능해지기 때문이다.

## 속절없이 무너지는 국제 통상 질서

철강·화학 산업의 위기는 우리에게만 한정된 것이 아니다. 코로나19 팬데믹으로 촉발되고, 러시아의 우크라이나 침공과 이스라엘의 가자 지구 침공으로 심화한 글로벌 경기 침체로 전 세계의 철강·화학 산업이 심각한 공급 과잉과 수요 감소에 시달리고 있다. 엎친 데 덮친다고 '미국을 다시 위대하게'(MAGA)와 '미국우선주의'(America First)를 외치는 도널드 트럼프 미국 행정부가 무차별적으로 밀어붙이는 '관세 전쟁'으로 상황은 걷잡을 수 없이 악화되고 있다.

미국과의 기술 패권 싸움에 시달리고 있는 중국의 무분별한 과잉 투자와 저가 공세도 상황을 더욱 어렵게 만들고 있다. 경제협력개발기구(OECD)에 따르면, 지난해 세계 철강 시장의 공급 과잉은 5억 4000만 톤에 이른다. 그중 절반인 2억 7000만 톤이 중국에서 발생한 것이었다. 그런데도 포스코와 현대제철은 철강 생산량 확대를 위한 적극적인 투자를 계속하고 있다. 경기 회복에 대비한 선제적 투자라고 하지만, 가격 경쟁력에서 뒤질 수밖에 없는 중견·중소 철강 업체에는 견디기 어려운 부담일 수밖에 없다.

휘발유·경유·항공유 등을 생산하는 정유 업계의 상황도 어렵기는 마찬가지다. 특히 서방 국가와 심각한 갈등 관계에 있는 러시아와 이란의 원유 저가 밀어내기로 촉발된 국제 석유 제품 시장의 혼란으로 정유사가 적정한 정제 마진을 챙기지 못하고 있다. 화학 산업의 기초 소재를 생산하는 석유화학 업계의 고통도 심각하다. 특히 중국의 과잉 투자가 도를 넘어서고 있다. 중국이 지난 3년 동안 설치한 에틸렌 생산 설비는 무려 2500만 톤에 이른다. 중국의 설비 투자가 끝난 것도 아니다. 2027년까지 다시 1500만 톤의 설비를 추가할 예정이다.

## 굴뚝산업 깨끗하고 안전하게?…비현실적 환상이 위기 초래

철강과 화학 산업은 가장 대표적인 굴뚝산업이다. 우리의 경제 상황이 개선되면서 굴뚝산업이 국민 건강과 환경을 위협하는 '위험 산업'이라는 인식이 퍼지고 있다. 탄소중립에 대한 정부의 확고한 입장도 굴뚝산업에 대한 거부감을 증폭하는 요인으로 작용하고 있다.

2011년의 '가습기 살균제 참사'도 악재였다. 화학 산업에 대한 사회적 거부감이 들불처럼 퍼져나가기 시작했다. 2013년에 제정된 '화학물질의 등록 및 평가 등에 관한 법률'(화평법)과 '화학물질 관리법'(화관법)을 통해서 화학 산업에 대한 부정적인 인식이 제도화되었다. '국민 건강'과 '환경 보호'는 핑계였고, 사실상 '화학 산업 퇴출법'이다.

화평법의 규제 방식에는 심각한 문제가 있다. 화학물질에 대한 위해성 정보를 환경부에 비공개로 등록해 놓기만 하면 국민 건강과 환경 보호가 가능해진다는 것이 화평법이다. 화학물질의 위해성 정보를 환경부 금고에 넣어두기만 하면 국민 안전과 환경 보호가 가능해진다는 규제는 국민 기만적인 것이다. 더욱이 환경부에 등록하는 위해성 정보를 마련하기 위해 기업이 유럽의 화학 업계에 막대한 비용을 지출해야 한다는 사실도 중요하다.

　　그러나 깨끗하고 안전한 기술은 비현실적인 환상일 뿐이다. 실제로 인류가 생존과 번영을 위해 개발한 모든 기술은 근본적으로 위험하고 더러울 수밖에 없다. 철강과 화학 산업도 예외가 아니다. 안전하고 깨끗한 '친환경 기술'에 대한 비현실적인 환상이 우리의 경제를 위기 상황으로 몰아넣고 있다.

　　철강·화학 산업이 제공해 주는 '에너지'와 '소재'가 없으면 경제와 생활이 불가능해진다는 사실이 중요하다. 아무리 더럽고 위험한 기술이라도 안전에 대한 투자와 제도를 충분히 강화하면 견뎌낼 수 있도록 안전하고 깨끗하게 활용할 수 있다는 도전적인 자신감을 강조하는 일이 무엇보다 중요하다. 그리고 우리가 사용하는 모든 소재가 우리의 안전과 환경에 부담을 줄 수밖에 없는 공정을 통해서 생산된다는 사실도 반드시 기억해야 한다. 화학 소재의 오용(誤用)과 남용(濫用)을 최대한 줄이도록 노력해야 한다는 뜻이다.

실증 운항을 위해 급유 되는 바이오항공유(SAF). [사진 대한항공]

여한구 산업통상부 통상교섭본부장이 서울 송파구 한국철강협회에서 열린 철강 보호무역조치 관련 민관 합동 점검회의에서 발언하고 있다. [사진 연합뉴스]

　'친환경' 기술에 무작정 매달릴 일이 아니다. 턱없이 비싸기만 한 '지속가능항공유'(SAF)가 화학 산업을 구원해 줄 것이라는 기대는 환상일 수밖에 없다. 거대한 항공기의 운항에 필요한 SAF 생산에 필요한 폐식용유의 양은 아무도 감당할 수 없다. 항공기의 이산화탄소 배출량을 줄이기 위해 모두가 식용유에 튀긴 통닭을 먹어야 할 이유도 없다. 친환경의 허울에 속아서 형편없이 실패해 버린 '바이오디젤 의무 혼합' 제도의 경험을 반복할 이유가 없다.

　물론 국민과 환경을 지키는 노력은 절대 포기할 수 없다. 기후 위기에 대한 대응에도 신경을 써야 한다. 그렇다고 에너지와 소재를 공급해 주는 철강·화학 산업과 같은 굴뚝산업을 통째로 포기할 수는 없는 일이다. 더욱이 국제 통상 질서를 우습게 여기는 중국은 절대 신뢰할 수 없다는 사실도 잊지 말아야 한다. 아무리 어렵더라도 철강·화학 산업은 어떤 경우에도 섣부르게 포기할 수 없다는 뜻이다.

　철강과 화학 산업이 직면하고 있는 불황의 늪은 깊고 넓은 것이다. 정부가 강조하고 있는 자율적 구조 조정으로 불황의 늪에서 간단하게 헤어날 수 있을 것이라는 기대는 지나치게 순진한 것일 수밖에 없다. 우리 모두가 현대 사회에서 기초 소재 산업의 중요성을 분명하게 인식하고, 긴 호흡으로 불황을 극복하기 위한 지속적이고 강도 높은 노력을 계속할 수밖에 없다.

우선 국제적 경기 침체가 쉽게 살아날 수 있는 상황이 아니다. 코로나19 팬데믹과 함께 밀어닥친 도널드 트럼프 미국 대통령의 무차별적인 '관세 전쟁' 파장이 생각보다 훨씬 더 심각하다. 보호무역의 높은 장벽이 철강과 화학 소재를 넘어 희토류 금속으로 확대되고 있다. 자유무역의 신기루가 빠른 속도로 사라지고 있다는 뜻이다.

철강과 화학 산업이 20년 이상의 수명을 가진 거대한 장치 산업이라는 사실도 불황의 극복을 어렵게 만드는 요인이다. 무분별한 과잉 투자의 책임이 중국과 중동에만 있는 것도 아니라는 뜻이다. 에쓰오일이 우리나라에서 추진하고 있는 샤힌 프로젝트와 인도네시아에서 새롭게 문을 여는 라인 프로젝트가 모두 세계적인 공급 과잉 상황을 더욱 어렵게 만들 것이 분명하다.

철강과 화학 산업의 불황에 대한 우리의 깊은 고민은 2026년에도 계속될 것이 분명하다는 뜻이다. 다른 길은 없다. 설비를 최대한 감축하는 구조 조정의 고삐를 바짝 틀어쥐고, 고부가가치의 제품 개발을 서둘러야 한다. **E**

# CHAPTER 4 한국 산업 향방

## 제약·바이오, MASH·뇌질환·ADC 주목
〈대사이상지방간염〉 〈항체–약물 접합체〉

조기 L/O 전략, 리스크 낮고 신뢰도 높은 데이터로서 승부
첨단 기술 주도권 확보 위해 국가가 바이오텍 지원해야

**김선아**
하나증권 연구원

2023~2025년을 주도한 비만치료제 열풍은 절정에 달했다.
이제 글로벌 빅파마는 후기 임상에서
시장성이 입증된 후보에만 집중하는 양상이다.
이에 따라 국내 기업은 임상 2a상 수준에서 효과를 입증했거나,
새로운 표적을 적용한 후보, 제형 플랫폼으로서의
확장 가능성이 높은 기술에 집중해야 한다.

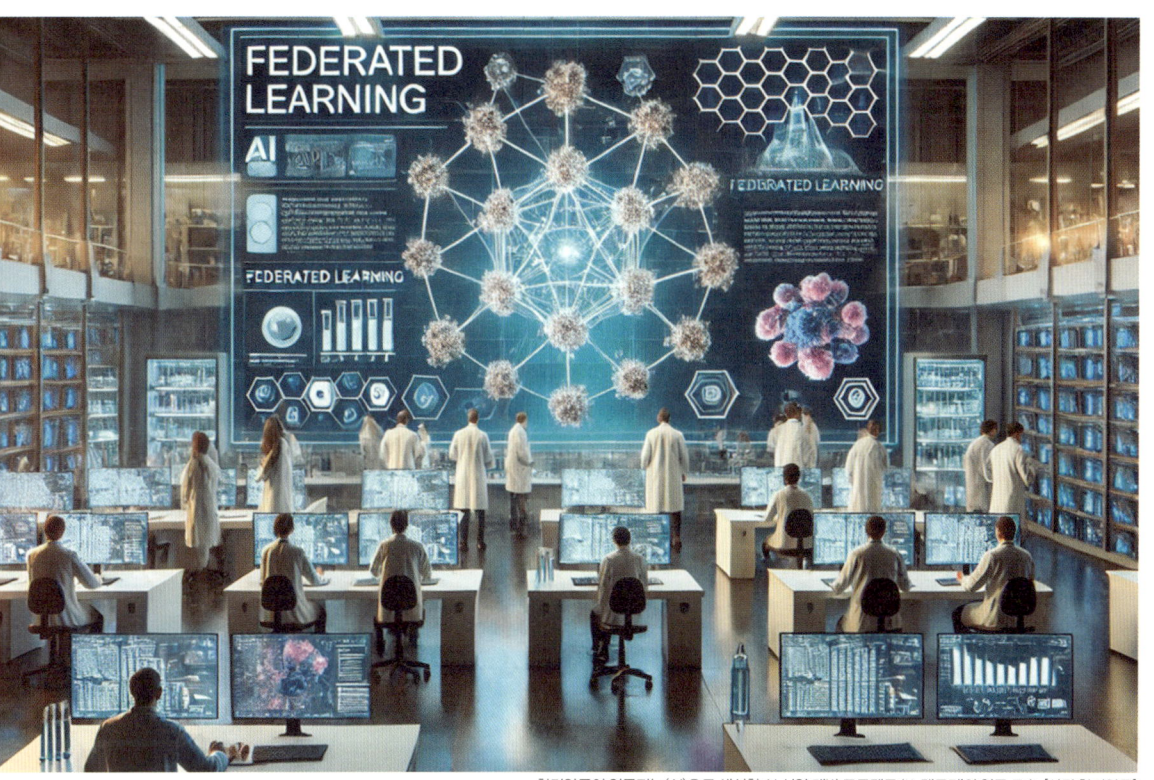

한미약품이 인공지능(AI)으로 생성한 AI 신약 개발 프로젝트 'K-멜로디'의 연구 모습. [사진 한미약품]

**최근 일본 다케다(Takeda)는 중국 바이오텍 이노반트(Innovent)로부터 항암제 파이프라인 3개를 114억 달러(약 15조 원)에 도입했다.** 선급금만 12억 달러(약 1조 7440억 원)에 달한다. 불과 2~3년 전까지만 해도 연간 1~2건에 불과하던 중국의 글로벌 빅파마향 기술이전 계약이 2023년부터는 매년 10건 이상으로 급증했다. 이는 압도적인 '자본력의 차이'에서 비롯된 결과다.

유럽제약산업협회(EFPIA)에 따르면 중국은 2020년 제약 연구개발(R&D)에 110억 달러(약 15조 9800억 원)를 투입했고, 2023년에는 153억 달러(22조 2400억 원)로 늘렸다. 반면 2024년 국내 상장 제약·바이오 96개 기업의 연구개발비 총합은 3조 6229억 원으로, 중국 투자 규모의 16% 수준에 불과하다. 글로벌 상위 10대 제약사들의 연간 R&D 투자액은 평균 15조 원, 투자 비율은 19%에 달하지만, 국내 시가총액 상위 10대 제약사(삼성바이오로직스·셀트리온 제외)는 투자액 2조 원, 비율 11%에 머문다. 결국 한국 제약·바이오 산업은 거대 자본을 지닌 빅파마와의 협력이 필수적이며, 기술이전 중심의 비즈니스 모델을 선택할 수밖에 없다.

## 플랫폼 기반 조기 L/O 전략이 답

글로벌 시장에서 생존하기 위해서는 비용을 최소화하면서도 기술이전(L/O)을 지속할 수 있는 구조가 필요하다. 이를 위해 플랫폼 기술에 기반한 '조기 L/O 전략'이 유효하다. 신약 개발의 핵심 시장은 미국이지만, 글로벌 임상 2상은 수백 명의 코케이지언(Caucasian) 환자 모집이 필요해 국내 기업이 감당하기 어렵다. 따라서 임상 1상 단계에서 기술이전하고, 선급금·마일스톤(단계별 기술료)으로 후속 파이프라인을 개발해나가는 전략이 현실적이다.

중국은 자국 내 풍부한 환자 모집력으로 대규모 임상을 효율적으로 진행할 수 있다. 예컨대 서밋 테라퓨틱스(Summit Therapeutics)는 글로벌 3상에서는 통계적 유의성에 도달하지 못했지만, 중국 환자 대상 임상에서 긍정적 결과를 얻었다. 국내 기업은 대규모 환자 모집 경쟁이 어려운 대신, 신뢰도 높은 데이터와 정교한 설계로 차별화해야 한다.

따라서 첨단 기술 주도권을 확보하기 위해 국가가 바이오텍을 지원한다면, L/O를 위한 데이터를 확보할 수 있도록 글로벌 임상을 2분의 1상까지라도 지원하는 것이 가장 현실적이고 필요한 조치가 될 것이다. 올해 새 정부가 제약·바이오헬스를 미래 성장 동력으로 육성하겠다고 밝힌 만큼, 실질적인 글로벌 임상 지원 정책이 절실하다.

## 새로운 모달리티·플랫폼 기술이 L/O 핵심

미국 식품의약국(FDA)은 2024년 50건의 신약을 승인했는데, 이 중 항체 기반 신약이 13건으로 스몰몰리큘(29건)에 이어 두 번째로 많았다. 2025년 들어 금리 안정과 함께 기술이전·인수합병(M&A) 시장이 되살아나며, 특히 생물의약품(Biologics) 분야의 기술이전 비중이 급증하고 있다.

국내에서도 주요 기술이전은 생물의약품 중심이다. 에이비엘바이오는 GSK에 4조 1000억 원 규모로 뇌혈관장벽(BBB) 투과 플랫폼 'Grabody-B'를 이전했고, 오름테라퓨틱스는 항체-분해 약물 결합체(DAC) 계열 후보물질을 BM로 1억 달러(약 1450억 원)에 기술이전했다. 올릭스는 RNAi 플랫폼 기반 비만·대사이상지방간염(MASH) 치료제 후보를 일라이릴리에 9117억 원 규모로 이전했다. 반면 스몰몰리큘 신약의 L/O 사례는 종근당의 CKD-510 외에는 드물다.

플랫폼 기술은 기본 작동 원리에 대한 원천 특허와 후보물질 특허를 동시에 확보할 수 있어 장기적으로 지속 가능한 L/O 구조를 만든다. 리가켐바이오는 2015년 포순제약과 첫 L/O 이후 매년 1건 이상의 계약을 이어오며, 2024년에는 J&J에 HER2 항체-약물 결합체(ADC)를 이전했다. 이처럼 플랫폼 기반 기업은 임상 1상만 마쳐도 글로벌 제약사와 공동 개발 가능성이 높다.

2023~2025년을 주도한 비만치료제 열풍은 절정에 달했다. 이제 글로벌 빅파마는 후기 임상에서 시장성이 입증된 후보에만 집중하는 양상이다. 이에 따라 국내 기업은 임상 2a상 수준에서 ▲효과를 입증했거나(한미약품 HM15275·동아ST DA-1726) ▲새로운 표적을 적용한 후보(한미약품 HM17321) ▲제형 플랫폼으로서의 확장 가능성이 높은 기술(디앤디파마텍 오랄링크 등)에 집중해야 한다.

비만 이후 가장 주목받는 질환은 MASH다. 로슈(Roche)가 89바이오(bio)를 인수했고, 노보 노디스크(Novo Nordisk)는 세마글루타이드(Semaglutide)의 MASH 치료제의 미국 식품의약국(FDA) 승인을 획득하고도 아케로(Akero)를 인수해 MASH 파이프라인을 강화했다. MASH 모멘텀이 강해진 것은 2023~2024년 글루카곤유사펩타이드-1(GLP-1)계열 치료제를 개발하면서 획득된 지식에 의한 것이다.

이러한 흐름을 바탕으로 예측하면, 이들 기업들이 다음 적응증으로 관심 갖는 뇌질환 임상 성과와 그에 따른 관련 기술에 관심을 가져보면 좋을 듯 하다. 국내에서는 에이비엘바이오의 그랩바디-B와 같은 활성 물질의 뇌전달 플랫폼을 보유한 기업이 주목받을 가능성이 높다.

또 하나의 축은 ADC다. 블록버스터 ADC인 '엔허투'(Enhertu)가 1차 치료제로 확대되며, 2031년까지 매출 연평균성장률(CAGR)이 14.8%로 예상된다. 국내에서도 삼성에피스홀딩스가 새롭게 출범하며 1개의 ADC 파이프라인에 대해 2025년 내 임상시험계획(IND)을 신청하고 2026년에 임상에 진입하겠다고 밝혔다. 이중항체-이중페이로드 파이프라인 2개도 도입했다.

2025년에 상장한 인투셀도 자체 개발한 ADC 플랫폼인 OHPAS 링커와 수십 가지의 페이로드를 이용해 자체 개발 파이프라인의 임상 진행과 파트너사와의 L/O 비즈니스를 이어나갈 것이다. 국내에서 가장 오랜 개발 역사를 가진 리가켐바이오도 L/O한 파이프라인들의 임상 결과 발표 타임라인이 촘촘하게 예정되어 있어 2026년 한 해 내내 ADC 관련 기업이 크게 주목 받을 것이다. ▣

# CHAPTER 4  한국 산업 향방

## 생성형 시대의 미디어·엔터, AI 내재화 본격화

<인공지능>

기획·제작·배포·팬 관리 자동화…효율 극대화
뮤지컬·연극…라이브니즈의 힘 더 커질 것

**장민지**
경남대 미디어영상학과 교수

2026년 미디어·엔터 산업은
AI가 전선을 장악하는 핵심 축이 되겠지만
라이브니즈 또한 프리미엄 자원으로 더 강조될 것이다.
숏폼과 크리에이터 영역은 단순한 콘텐츠 생산자를 넘어
조직화된 스튜디오 구조와 브랜드 협업-수익 구조 설계 역량이
경쟁력이 된다.

**2026년에는 미디어 엔터테인먼트 산업의 무게 추가 본격적으로 인공지능(AI) 쪽으로 기울 것이다.** 지금까지 AI는 보조 수단 정도였지만 2026년에는 기획-제작-배포-팬 관리 전선에서 자동화된 엔진으로 작동할 것이다. 반면 인간의 체험이나 경험-현장-감정 연결 지점은 프리미엄 자원으로 다시 부상하는 변화가 일어날 것이다. 특히 한국의 콘텐츠 역량과 이용자 문화는 이 변곡점에서 더 역동적인 글로벌 전환을 이끌 가능성이 높다.

## 숏폼·크리에이터의 프로페셔널화, 셀프 영상에서 스튜디오로의 전환

현재 숏폼 콘텐츠가 미디어 소비의 중심축으로 자리 잡고 있지만 이제는 단순히 '찍고 올리는' 방식으로는 생존하기 어렵게 되었다. 딜로이트(Deloitte)는 2025년 전망 보고서에서 '광고가 소셜 미디어 플랫폼 수익에서 20% 정도 성장할 것'으로 예측한 바 있다. 결과적으로 소셜 미디어 영상이 디지털 광고의 가장 큰 카테고리가 될 것으로 예상했다. 이 말은 숏폼 콘텐츠가 광고 기반 수익을 창출하는 핵심이 될 것이라는 것을 의미한다.

숏폼 콘텐츠의 가장 큰 특징은 진입 장벽은 낮지만 경쟁 강도가 강하다는 것이다. 여기서 AI 기반의 ▲자동편집 ▲클립 요약 ▲사운드 자동 매칭 ▲더빙·자막 보조 도구의 자동화가 일반화될 것이고, 이는 제작 효율을 극도로 끌어올릴 수 있음을 의미한다. 딜로이트는 동일 보고서에서 소셜 미디어 플랫폼이 전통 미디어를 더욱더 압박하는 핵심 변수로 자리 잡을 것이라고도 지적한 바 있다.

크리에이터 경제는 이제 부업 수준을 넘어설 가능성이 높다. 폴라리스 마켓 리서치(Polaris Market Research)에 따르면 글로벌 크리에이터 플랫폼 시장은 2024년 약 1620억 달러(약 236조 1500억 원) 수준이며 2025년에서 2034년 사이 연평균 15.8% 성장할 전망이라고 밝힌 바 있다. 국내에서도 2022년 처음으로 크리에이터 경제가 1조 원을 돌파한 것으로 나타났다.

결과적으로 레거시 미디어와 소셜 미디어의 경계가 흐려지면서 크리에이터는 단독 작가에서 콘텐츠 스튜디오 운영자, 브랜드 파트너 관리자로 진화할 가능성이 높다. 특히 2026년에는 팀 기반 제작이나 영상 디자인-브랜드 마케팅-팬 커뮤니티 운영이 하나의 루프를 이루는 구조가 대중화될 것이다.

한국의 미디어 엔터테인먼트 분야에서 웹툰의 성장세는 주목할 만하다. 웹툰은 한국의 콘텐츠 생태계의 원천 지식재산권(IP)로 지목돼 왔는데, 이제 AI와 영상 기술이 결합하면서 그 방향성과 속도 모두 가속화될 가능성이 높다. 한국콘텐츠진흥원 웹툰 사업실태조사(2024)에 따르면, 2023년 웹툰 산업의 매출 규모는 약 2조 1890억 원으로 전년 대비 19.7% 증가한 것으로 나타났다.

네이버웹툰은 미국 뉴욕에서 열린 2025 뉴욕 코믹콘에 참가해 공식 부스를 열었다. [사진 네이버웹툰]

　또 플랫폼 매출 비중도 커지고 있으며, 해외 수출 비중도 조금씩 늘고 있는 추세다. 글로벌 측면에서도 웹툰 시장의 전망은 낙관적인 것으로 보인다. 그랜드뷰 리서치(Granview Reseach)는 웹툰 시장(2024-2030) 리포트를 통해 전 세계 웹툰 시장 규모가 2023년부터 2030년까지 27.3%의 연평균 성장률로 성장해 453억 달러에 도달할 것으로 보았다.

　성장세의 웹툰 산업 생태계는 이제 읽는 만화에서 보는 영상으로 전환되는 실험에 나서는 중이다. 네이버웹툰은 올해 글로벌 플랫폼 'Webtoon'의 영어 서비스에서 웹툰을 비디오로 볼 수 있는 비디오 에피소드를 도입했다고 발표한 바 있다.

　비디오 에피소드는 수직 스크롤 유형의 웹툰에 동적 이미지 움직임이나 몰입형 음향 효과, 배경 음악 및 음성 연기를 추가할 수 있다. 이는 단순 영상화가 아니라 숏폼 비디오 스토리 전략이다. 결과적으로 이는 하나의 웹툰 IP가 '읽기-숏폼 에피소드-미드폼 영상-드라마화(혹은 실사화)'로 자연스럽게 이어지는 파이프라인이 완성될 수 있음을 시사한다. AI는 웹툰의 실사화와 애니메이션화가 동시에 일어날 가능성을 높이며, 멀티미디어 영상화가 예전보다 빠르게 진행될 것을 예상케 한다.

## K콘텐츠 확장, 글로벌 브랜딩 vs 내실 강화

한국 콘텐츠 산업은 수십 년간 수출 주도의 성장 모델을 구축해 온 것으로 보인다. 하지만 2026년 이후에는 브랜드를 제고하고 실질적인 경쟁력 강화에 균형을 좀 더 맞출 것으로 보인다. ▲정부기관의 연구개발(R&D) ▲해외 마케팅 지원 ▲IP 융합 펀드 등이 늘어나는 중이며, 이러한 전략은 전체적으로 콘텐츠 수출을 넘어서 ▲플랫폼 수출 ▲기술 수출 ▲인프라 수출까지 연결하는 구조가 K-콘텐츠 확장에 필수적이라는 것을 알려준다.

글로벌 플랫폼과의 경쟁을 위해 한국은 실험적인 콘텐츠 포맷을 빠르게 시도할 필요가 있다. 실제로 글로벌 플랫폼의 자본력과 네트워크가 한국 브랜드를 흡수할 가능성도 있으며 IP 수익 배분 구조의 불균형이나 현지화 실패 등의 리스크도 존재하기 때문이다. K-콘텐츠의 힘은 창작자에게서 비롯되며, 실질적 경쟁력 강화를 위해 인재 양성과 다음 세대에 대한 투자는 필수적이다.

이 모든 디지털-AI 가속화 흐름 속에서 아이러니하게도 현장, 즉 라이브니스(liveness)의 힘은 더 커질 가능성이 존재한다. ▲출판 ▲콘서트 ▲뮤지컬 ▲연극 ▲라이브쇼 등이 경험 재료로 재조명될 것이다. 실제로 한국 공연 시장은 강한 회복세를 보이고 있다. 예술경영지원센터에서 2025년 발표된 '공연 시장 티켓 판매 현황 분석보고서'에 따르면 2024년 공연예술 분야 티켓 매출은 전년 대비 14.5% 성장했다. 이는 전년 대비 1800억 원이 증가한 수치다.

이는 디지털 시대에도 현장 수요가 여전히 의미 있음을 보여주는 신호다. 앞으로는 티켓과 스트리밍 동시 판매 모델이나 지역 관광 투어와 공연 패키지가 결합하는 방식, 특히 한정 굿즈(기획상품)와 프리미엄 티켓 연동 패키징도 많은 수요를 불러일으키게 될 것으로 예상된다. 다시 말해 AI와 자동화가 침투하기 어려운 '현장 감각'이 수익의 기둥이 되는 것이다.

2026년 미디어-엔터 산업은 AI가 전선을 장악하는 핵심 축이 되겠지만 라이브니스 또한 프리미엄 자원으로 더 강조될 것이다. 숏폼과 크리에이터 영역은 단순한 콘텐츠 생산자를 넘어 조직화된 스튜디오 구조와 브랜드 협업-수익 구조 설계 역량이 경쟁력이 된다.

동시에 웹툰은 AI의 보조와 멀티 미디어 영상화 흐름에서 핵심 허브가 될 것이다. 무엇보다 미디어 엔터테인먼트에서 한국 콘텐츠는 글로벌 실험성이 강점이기에 다음 세대를 위한 인재 양성에 더욱 힘을 기울여야 할 것이다. **E**

# CHAPTER 4 　한국 산업 향방

# 전환기의 은행업, 새 질서를 짜다

가계대출 둔화···기업·중소 대출로 성장 축 이동
이자이익 버티고, 비이자이익 확대···'생산적 금융' 부상

**이수영**
하나금융연구소 연구위원

새로운 산업이 부상하고 투자의 흐름이 전환되는 가운데,
2026년은 은행의 역할과
자산 포트폴리오가 변화되는 한 해가 될 것이다.
국가 정책 방향의 중심이 옮겨감에 따라
은행들도 성장의 축이 옮겨가는 한 해가 될 것으로 전망한다.

금리 인하 2년 차였던 2025년, 녹록지 않았던 영업 환경에도 불구하고 국내 은행들은 견조한 이익 흐름을 이어갔다. ▲대출자산의 완만한 성장 ▲순이자마진 하락 폭의 제한 ▲수수료 수익 확대 노력 등의 결과다. 2026년은 국내 금리 인하 사이클이 마무리될 것이라는 전망에 힘이 실리고 있다. 예대마진이 주 수익원인 은행의 수익성은 개선될 수 있을까?

## 은행업, 가계에서 기업으로 성장 축 이동

2026년 은행을 둘러싼 경제·금융 환경이 마냥 긍정적이라고는 보기 어렵다. 민간 소비 회복에 힘입어 경제 성장률 반등을 기대하고 있지만 잠재 성장률은 계속 하락하고 있으며, 미국 관세 인상 영향이 본격화됨에 따라 수출 기업들의 어려움이 예상된다. 미국발 불확실성 확대로 원·달러 환율 상승 압박이 심화하고 있으며, 은행들의 건전성 지표도 계속 악화되고 있다. 반면 시장에 유동성은 늘고, 자본시장

서울 시내에 설치된 은행 ATM. [사진 연합뉴스]

으로 눈을 돌리는 투자자들이 확대될 것으로 보인다.

특히 2026년 은행업 환경 변화의 중심엔 정부의 정책과 제도 변화가 있다. 자금의 흐름을 부동산에서 자본시장으로 바꾸려는 정부의 다양한 규제와 정책들이 나오고 있어 가계대출의 위축이 불가피하다. 반면 생산적 금융과 혁신 경제를 촉진하는 정책 방향 속에서 은행들은 첨단 전략 산업에 자금 공급을 확대할 필요가 증가하겠다. 또한 균등 발전을 위해 비수도권 소재 기업, 중소·소상공인 대상 금융 공급 확대 등의 역할 변화가 요구되는 동시에 이쪽 분야에서의 영업 기회도 확대될 것이다. 2026년 은행업 성장의 축이 가계에서 기업으로, 자금 흐름이 예금보다 투자 상품으로 이동하는 한 해가 될 것으로 전망한다.

## 가계대출 규제 속 기업대출에서 기회 찾기

국내 은행들의 대출 성장률은 지난 10년간 대체로 명목 국내총생산(GDP) 성장률을 상회하는 흐름을 보여 왔다. 코로나19가 시작되던 2020년, 명목 GDP와 격차를 크게 벌렸던 대출 성장률은 2021년 이후 감소해 명목 성장률과 비슷하거나 소폭 상회하는 수준에서 지속되고 있다. 2026년에도 은행업은 고성장을 기대하기는 어려울 것으로 보이며, 가계 부문 위축과 기업 부문 확대를 종합한 총대출 증가율은 2025년과 비슷한 수준으로 전망된다. 정부의 강력한 가계대출 관리 의지로 인한 가계 부문의 위축이 주 원인이다.

세부 부문별로 살펴보면 가계대출에서 가장 큰 비중을 차지하는 주택담보대출의 경우, 유례없이 강력한 주택시장 안정화 대책과 맞물려 ▲총량 관리 ▲주담대 자본 규제 ▲은행 심사 강화로 상당 폭 위축이 불가피할 전망이다. 정책대출도 저출생 개선을 위한 지속 공급 의지와 일반 주담대 취급 제한에 따른 꾸준한 수요 등의 영향으로 증가 추세는 유지될 것으로 보인다. 다만 ▲총량 관리 도입 ▲한도 하향 ▲정책대출 금리 인상 등으로 증가 폭은 제한될 수 있다. 집단대출과 전세대출은 ▲분양시장 위축 ▲입주 예정 물량 감소 ▲전세의 월세화 ▲전세대출 규제 강화와 같은 시장 및 구조 변화로 인해 순감소 흐름이 이어질 전망이다. 신용대출의 경우 금리 인하와 주식시장 활성화에 따라 증가할 여지가 있으나 총부채원리금상환비율(DSR) 강화·금융당국의 풍선 효과 관리 등으로 증가 폭이 제한될 전망이다.

가계대출과 달리 기업대출 부문은 성장이 기대되는 분야다. 정부의 생산적 금융 및 상생 금융 확대 기조가 가장 큰 이유다. 대기업의 경우 건설 투자 부진이 완화되고, 연구개발(R&D) 투자가 확대돼 자금 수요가 지속될 것으로 보인다. 금리 인하·자본시장 제도 개선 등으로 회사채를 통한 자금조달 여건은 개선되겠으나, 국채 및 공사채 발행이 확대됨에 따라 회사채 조달이 어려운 대기업들의 대출 수요가

2026년 기업대출 부문은 성장이 기대되는 분야다. [게티이미지코리아]

지속될 것으로 보인다. 중소기업 대출과 관련해서는 2026년 은행들의 대출 태도 완화가 전망되는데, 가계 부문의 성장 제약을 만회할 수 있는 영업 활로 개척이 필요하기 때문이다. 정부가 은행들의 중소기업 대출 행태를 측정하는 계량 지표인 중소기업 상생지수 도입을 예고했고, 전략 산업을 영위하는 비수도권 중소·혁신 기업으로의 자금 공급을 유도하는 점 또한 긍정적이다. 개인사업자 대출과 관련해서는 민간 소비·경기 회복을 위한 정책적 지원 강화로 대출 증가율이 반등할 것으로 보이나, 리스크 관리 차원에서 업종별로 선별적인 취급이 예상된다.

## 예금보다 자본시장으로 자금 유입 확대

2025년 은행 수신은 정기예금 증가 폭 감소, 저원가성예금 증가 폭 확대라는 전형적인 금리 인하기 수신 변화 흐름을 보였다. 금리 인하 사이클상 2026년에 금리의 저점을 찍을 가능성이 높고, 광의통화

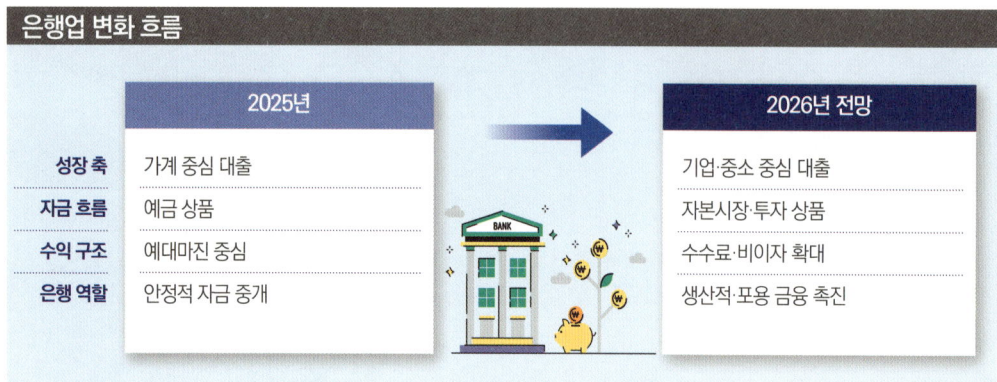

| 은행업 변화 흐름 | | |
|---|---|---|
| | **2025년** | **2026년 전망** |
| **성장 축** | 가계 중심 대출 | 기업·중소 중심 대출 |
| **자금 흐름** | 예금 상품 | 자본시장·투자 상품 |
| **수익 구조** | 예대마진 중심 | 수수료·비이자 확대 |
| **은행 역할** | 안정적 자금 중개 | 생산적·포용 금융 촉진 |

(M2)를 중심으로 유동성이 더 확대될 것으로 전망된다. 이에 2025년 둔화됐던 정기예금은 금리 매력도 약화로 둔화 흐름이 지속될 것으로 보인다. 2025년 자금 유입이 확대된 저원가성예금의 경우 풍부한 유동성 속에서 유입량이 높은 수준으로 지속되겠으나, 추경과 밀어내기 수출 등 증가세 확대 요인이 약화되며 2026년에는 증가세가 둔화될 것으로 보인다.

금리 하락과 정부의 자본시장 친화적 정책, 투자 심리 개선이 지속되며 예금과 같은 금리 기반 상품보다는 자본 이득을 위한 국내외 주식과 증시주변자금인 ▲종합자산관리계좌(CMA) 및 예탁금 ▲상장지수펀드(ETF)를 포함한 펀드 ▲채권 등 금융 투자 상품을 통한 자금 운용 수요 증가가 전망된다.

## 경상이익 유지…일회성 요인으로 수익성 하락 불가피

2026년 은행업은 수익성 하락이 불가피할 전망이다. 이자이익과 비이자이익을 포함한 경상이익이 2025년과 비슷하겠으나, 각종 일회성 비용 및 교육세 부담 등을 고려하면 수익성이 하락할 것으로 전망된다.

이자이익은 2025년에는 금리 인하가 지속됐음에도 예대금리차 하락 폭이 제한되며 순이자마진(NIM)이 완만한 속도로 하락했다. 2026년에도 대출금리 하락이 상당 폭 방어될 것으로 보이고 장단기 금리차가 서서히 정상화될 것이며, 하반기로 갈수록 시장금리 반등 압력이 강해짐에 따라 2026년 평균 NIM은 2025년 수준에서 유지될 것으로 보인다. NIM이 유지 또는 하락 폭이 제한되는 상황에서 대출 자산은 완만히 성장하며, 2026년 이자이익은 2025년과 비슷할 것으로 전망된다.

비이자이익의 경우 우호적 시장 환경과 자본시장 친화적 정책, 투자 심리 개선이 지속되며 수수료 수익 중심의 성장이 기대된다. 판매 채널이 제한적이지만 주가연계신탁(ELT) 판매가 재개되고, 펀드로의 자금 유입이 지속될 것으로 예상되며, 방카슈랑스 25%룰 완화 등 은행들의 수수료 수익을 둘러싼 제반 환경은 긍정적으로 판단된다.

대손비용은 큰 폭의 개선이 어려울 것으로 보인다. 은행들의 자산건전성에 영향을 미치는 주요 시장 지표로는 대출금리·경기 회복 속도·유동성 증가 속도 등이 있는데, 그중 상관관계가 높은 대출금리는 1~2년의 시차를 두고 건전성 지표에 반영되는 경향성을 보인다. 이에 2026년경 피크 아웃(Peak out) 시점이 되는 것이 통상적인 건전성 개선 흐름이었을 것이다. 하지만 2026년 하반기로 갈수록 시장금리 상승 압력이 부각되고, 자산건전성 지표가 계속 악화되고 있는 상황 속에서 중기 및 신산업으로의 자금 공급이 늘며 잠재 신용 위험이 확대될 수 있어 2026년 건전성 개선은 쉽지 않을 것으로 전망된다.

## 은행의 역할과 자산 포트폴리오 변화 기대

앞서 언급했듯 2026년 은행업을 둘러싼 변화의 중심에는 정부 정책이 있다. 생산적 금융·포용 금융과 같은 정책 환경 변화 속에서 은행들은 적극적으로 변화에 대응할 것이다. 특히 정부가 중점 전략 과제로 제시한 '잠재 성장률 반등을 위한 진짜 성장 전략, 코스피 5000 시대 도약, 국가 균형 성장'이라는 생산적 금융 어젠다는 은행들에 포트폴리오 전환이라는 큰 과제를 던져준 셈이다.

은행은 투자자산 비중을 확대하고, 대출 포트폴리오에서 가계 비중을 낮추며 첨단전략산업·비수도권 기업·지식재산권(IP) 담보 등의 기업대출 비중을 높여야 할 것이다. 또한 포용 금융 정책으로 ▲취약 계층 및 소상공인의 금융 비용 절감과 금융 접근성 확대 ▲소비자 보호 강화 ▲비수도권 금융 지원 강화 등 사회적 문제 해결에 기여하는 은행들의 적극적 역할이 동시에 요구된다.

새로운 산업이 부상하고 투자의 흐름이 전환되는 가운데, 2026년은 은행의 역할과 자산 포트폴리오가 변화되는 한 해가 될 것이다. 국가 정책 방향의 중심이 옮겨감에 따라 은행들도 성장의 축이 옮겨가는 한 해가 될 것으로 전망한다. **E**

# CHAPTER 4　한국 산업 향방

# 한국 게임 산업 4대 과제와 퀀텀점프 조건

세계 디지털 문화의 트렌드리더로 성장한 韓 게임 산업
문화 경제의 중심축으로 K컬처 선봉이자 미래 성장 동력

**김정태**
동양대 SW융합대학 교수
K컬처포럼 의장

2026년의 한국 게임 산업은
기술보다 창의력, 시장보다 문화적 상상력이 승부를 가를 것이다.
이제 게임은 K컬처의 선봉이자 미래 성장 동력이다.
산업과 정책 그리고 세대의 혁신이 교차하는 이 시점에서,
한국 게임은 다시 한번 세계 무대의 리더로 도약할 수 있다.

**한국의 게임 산업은 30년 남짓이지만 세계 디지털 문화의 트렌드리더였다.** '케이팝 데몬 헌터스'(케데헌) 열풍에 앞서, 1990년대에 이미 한국은 세계 최고 온라인 게임 강국, 세계 최초 e스포츠 종주국 등 새로운 표준을 제시해 왔다. '바람의 나라' '리니지'에서 '배틀그라운드'에 이르기까지 대한민국에서 게임은 단순히 오락을 넘어 'K-컬처'의 핵심 동력으로 자리 잡았다.

그러나 최근 게임 산업의 성장은 정체 국면에 접어들고 있다. 기술력과 인재 풀(pool)은 여전히 세계적이지만 ▲시장의 활력은 둔화되고 ▲게이머의 플레이 패턴은 빠르게 변하며 ▲글로벌 경쟁은 어느 때보다 치열하다. 지난 30년간 한국 게임 산업 일선에서 현장을 목도해 온 결과, 2026년 산업 재도약을 위해 반드시 해결해야 할 네 가지 구조적 과제를 제시하고자 한다.

바로 ▲세대교체에 따른 게임 이용 패턴 변화 ▲게임을 대체하는 콘텐츠의 폭발적 확산 ▲피로도 쌓인 수익 모델의 한계 ▲중국 게임의 품질 경쟁력 급상승이다. 이 네 가지 과제는 서로 긴밀히 연결되어 있으며, 산업·정책·문화 전반의 체질 개선 없이는 해결이 어렵다.

## 세대교체에 따른 '플레이 경험' 재설계

첫 번째 과제는 세대교체다. 이전의 게이머들은 장시간의 플레이·레이드·길드 활동을 즐기며 '몰입형 경험'을 중시했다. 그러나 오늘날의 잘파세대(Zα세대), 즉 10~20대 게이머들은 완전히 다른 방식으로 게임을 소비한다. 그들에게 게임은 '참여형 오락'이자 '사회적 소통의 무대'이며, '로블록스'나 '포크리'(포트나이트 크리에이티브) 등에서 짧고 즉흥적인 플레이를 선호한다.

그 결과, 1인당 평균 플레이 시간이 줄어들면서 매출 감소로 이어지고 있다. 더 이상 반복적 플레이와 긴 시간 투자로 이용자를 묶어두는 방식은 통하지 않는다. 2026년 이후의 게임은 ▲짧지만 강렬한 경험 ▲다양한 플랫폼 간의 연결 ▲사회적 상호 작용을 핵심으로 재설계해야 한다.

두 번째 과제는 대체 콘텐츠 과잉이다. ▲온라인동영상서비스(OTT) ▲유튜브 ▲틱톡 등의 숏폼 영상 플랫폼이 게이머의 여가 시간을 빠르게 점유하고 있다.

불과 몇 년 전만 해도 주말의 여가가 게임 중심이었다면 ▲지금은 수 분짜리 영상 ▲인공지능(AI) 기반 스트리밍 콘텐츠 ▲버추얼 콘서트 등으로 대체되고 있다. 이제 게임 기업은 단순히 '게임을 만드는 회사'가 아니라 '인터렉티브 문화 플랫폼'을 운영하는 기업으로 변모해야 한다.

게임은 웹툰·영화·드라마·가상공연 및 인플루언서 생태계와 융합될 때 비로소 새로운 부가가치를 창출한다. 한국이 가진 트랜스미디어 스토리텔링 역량 즉, 하나의 지식재산권(IP)이 성공할 시 웹툰·영화·드라마·게임으로의 변환 제작력은 글로벌 시장에서 독보적인 강점이 될 수 있다. 정부는 이를 지원

국내 최대 게임쇼 2025 지스타에서 관람객들이 게임을 즐기고 있다. [사진 연합뉴스]

하는 문화 산업 융합 정책을 적극적으로 설계해야 한다.

세 번째 과제는 수익 모델(BM)이다. 20년 넘게 한국 게임 산업을 지탱해 온 '아이템 과금' 구조는 이제 한계에 도달했다. 이용자는 피로감과 불신을 느끼고 있으며, 규제 강화로 시장의 유연성도 줄어들었다. 2026년도부터는 '가치 기반'(Value-based) 모델로 전환해야 한다.

단순히 돈을 쓰게 하는 BM으론 한계가 있다. ▲창작에 참여하고 ▲커뮤니티를 이끌며 ▲경험을 공유하는 이용자에게 보상하는 방식으로 변해야 한다. ▲구독형 서비스 ▲창작자 중심의 리워드 시스템 ▲비투기성 디지털 소유권 기반의 참여 경제 등이 현실적 대안이 될 수 있다. AI 기술의 고도화로 게이머의 피로를 줄이며 차별화된 개인화된 몰입 경험을 제공하는 프리미엄 BM이 요구된다.

마지막 체크포인트는 중국 게임의 약진이다. 과거에는 한국 게임의 모방자였던 중국이, 이제는 기술력·그래픽·운영 면에서 오히려 앞서고 있다. '원신' '왕자영요' '검은신화: 오공' 같은 작품은 세계 시장을 선도하며 한국의 존재감을 위협하고 있다. 이제 한국은 단순히 '완성도 높은 게임'을 넘어 '창의적 세계관'과 '고유 서사 중심 IP'로 경쟁해야 한다.

　정부와 대기업은 인디·중소게임스튜디오가 독창적인 IP를 개발할 수 있는 생태계를 조성해야 한다. 이를 국가 전략산업 수준으로 격상할 필요가 있다. 게임은 반도체나 AI와 달리 '문화·예술·기술·수출'이 결합한 복합 산업이다. 따라서 장기적 관점에서 ▲글로벌 IP 인큐베이팅 ▲문화 기술 인재 양성 ▲지역 별 창작 클러스터 조성 등이 퀀텀점프의 필요조건이다.

## K게임의 퀀텀점프 위한 국가 전략

2026년은 단순히 한국 게임 산업의 '시장 회복'이 아니라 '퀀텀점프'를 위한 재구조화 원년으로 삼아야 한다. 필자는 'K-컬처 300조 시대'의 핵심 열쇠를 K-게임으로 본다. 게임은 단일 콘텐츠가 아니라 K-컬처의 구심점이자 세계가 한국을 '상호 작용적으로' 경험하는 '인터페이스'다. 이에 정부는 세 가지 전략을 중심으로 산업을 재정비해야 한다.

　게임 소재(리소스), 플랫폼 다변화 정책 수립이 최우선이다. 그리고 한국형 소재의 체계적 아카이빙을 시작으로 ▲아시아 ▲유럽 ▲미주에 통할 게임 IP와 신기술 플랫폼(콘솔, 아케이드 강화) 연구에 집중 투자해야 한다. 또한 게임 산업계와 게임학·인문학·공학의 다학제 장기 프로젝트를 추진해야 한다. 이로써 세대교체, 콘텐츠 과잉 문제를 해결할 수 있다.

　서울·판교 중심의 구조를 넘어, 지방자치단체 및 지역 대학과 연계한 '게임시티'를 조성하고, 창작 아지트(게임캠퍼스타운, 게임창작촌 등)를 만들어 주자. 여기서 마음껏 게임도 개발하고, 게임 소재와 플랫폼도 도전·연구하게 하자. 이것이 '게임의 미래'가 되고, 지역 균형 발전과 청년 일자리 창출의 촉진제가 될 것이다. 또한 앞서 언급한 과제도 풀 수 있다.

　지·산·학 창작아지트에서 도출된 한국형 고유 서사 게임 IP와 플랫폼 연구 및 도전 성과로 글로벌 시장에 진출하도록 도와주자. 대학별 어문 계열, 상경 계열 학생들과 현직 글로벌 전문가들이 수시로 워크숍을 진행하고, 인턴십·취업·창업과 적극 연계하여 추진해야 한다. 이를 통해 제4 과제를 해결하면서 K-컬처 300조 시대를 조기 달성할 수 있다.

　2026년의 한국 게임 산업은 기술보다 창의력, 시장보다 문화적 상상력이 승부를 가를 것이다. 이제 게임은 문화 경제의 중심 축으로 K-컬처의 선봉이자 미래 성장 동력이다. 산업과 정책 그리고 세대의 혁신이 교차하는 이 시점에서, 한국 게임은 다시 한번 세계 무대의 리더로 도약할 수 있다.

　이를 위해 확실한 게임컨트롤타워를 가동하고, 버락 오바마 전 미국 대통령이 그랬듯 우리도 대통령실 내 '게임보좌관'(가칭)을 임명해 게임 생태계를 실시간으로 챙기길 촉구한다. **E**

한국 산업 향방

# 에너지 산업, 계획을 넘어 실행의 원년으로

한국 에너지 산업이 시험대에 오르는 2026년
기업 생존과 성장 위한 핵심 변수 에너지

**문주현**
단국대 에너지공학과 교수

2026년은 에너지 정책의 무게 중심이
'계획'에서 '실행'으로 옮겨가는 해다.
정부는 정책 혼선을 조속히 정리하고,
신규 발전원과 전력망 건설이 계획대로 추진될 것이라는
명확한 신호를 시장에 주어야 한다.

**2026년 한국 에너지 산업은 오랜 준비를 마치고 실행의 시험대에 오른다.** 정부가 마련한 '제11차 전력수급기본계획'(이하 11차 전기본)과 신규 제도가 본격적으로 시행되는 해이기 때문이다. 인공지능(AI) 시대의 전력 수요 급증과 기후 위기라는 이중 압박에 대응하기 위한 이들 계획과 제도는 과거 에너지를 비용으로만 여겼던 기업들에 새로운 인식과 실천을 요구한다. 이제 기업들에 에너지는 생존과 성장을 위한 핵심 변수가 될 것이다.

## 이중 과제의 동시 습격

2026년부터 기업 경영을 근본적으로 흔들 두 가지 압력이 본격화된다. 첫째, 국내 전력 수요의 구조적 폭증이다. AI 데이터센터와 반도체 클러스터가 요구하는 전력량은 기존 예측 모델을 무력화할 정도로 막대하다. 예를 들어 용인 반도체 클러스터 한 곳의 연간 전력 소요량은 약 87.6TWh(테라와트시)로 추산되는데, 이는 1GW(기가와트)급 원전 10기를 100% 가동해야 감당할 수 있는 엄청난 규모다.

둘째, 유럽연합(EU)의 '탄소국경조정제도'라는 무역 장벽의 현실화다. 2026년부터 EU로 수출되는 철강, 알루미늄 등은 탄소 배출량만큼 관세를 물어야 한다. 고로 기반 철강의 경우, 2024년 수출 가격 대비 10~15%의 추가 비용이 발생할 것으로 추산되고 있다. 저탄소 공정으로의 전환 없이는 유럽 시장에서 가격 경쟁력이 떨어질 수밖에 없다. 이제 기업들은 안정적인 전력 확보와 탈탄소라는 이중 과제에 직면하게 됐다.

정부는 이러한 도전에 대응하기 위해 에너지 시장의 규칙을 근본적으로 재편했다. 2026년은 2024년 6월 시행된 분산 에너지 활성화 특별법이 실질적인 시장 효과를 내는 원년이다. 이 법이 기업에 미칠 영향은 두 가지 측면에서 직접적이다.

첫째, 지역별 차등 전기 요금제가 도입된다. 발전소가 밀집한 비수도권은 전기 요금이 저렴해지고, 전력 소비가 많은 수도권은 요금이 비싸진다. 지자체 간 이견으로 2026년 시행 여부는 아직 불투명하지만 장기적인 방향임은 분명하다. 입지 선정은 이제 기업의 원가 경쟁력을 좌우하는 핵심 변수가 될 것이다.

둘째, 데이터센터와 같은 대규모 전력 소비 시설은 '전력계통영향평가'를 의무적으로 받아야 한다. 계통에 부담을 주는 시설은 자체 발전 설비를 갖추거나 전력망에 여유가 있는 지역에 입지해야만 사업 승인을 받을 수 있다. 기업의 입지 전략과 에너지 확보 전략이 분리될 수 없는 시대가 열린 것이다.

11차 전기본은 2038년까지 무탄소 에너지 비중을 70% 이상으로 높이기 위해 원자력과 재생에너지를 동시에 확대하는 공격적인 전략을 담았다. 그러나 이 야심 찬 계획에는 두 가지 치명적인 불확실성이 존재한다.

먼저 원자력 확대 계획이 정치적 변수에 노출됐다. 11차 전기본에 명시된 신규 원전 건설 계획을 두고 2025년 6월 출범한 새 정부의 입장이 불확실하다. 일부 정책 결정자들이 '공론화'를 거론하면서 계획 실행이 장기간 지연되거나 취소될 수 있다는 우려가 제기된다. 원전은 부지 확보에서 운영까지 10년 이상 걸린다. 지금 당장 부지 선정과 인허가 절차를 시작해야 2030년대 후반의 전력 수요를 감당할 수 있다. 만약 계획이 좌초되면 AI와 반도체 산업 등이 필요로 하는 안정적 전력 공급에 심각한 차질이 빚어질 수 있다.

재생에너지 확대 역시 전력망 구축이라는 선결 과제를 안고 있다. 호남권의 대규모 해상풍력 전력을 수도권으로 송전할 서해안 초고압직류송전망 같은 국가 전력망 건설이 지연된다면, 재생에너지 발전량 목표는 그림의 떡이 될 수밖에 없다. 전력망 확충에 필요한 72조 8000억 원의 막대한 재원을 어떻

경기도 수원시 영통구의 한국전력공사 경기본부 전력관리처 계통운영센터에서 관계자들이 전력 수급 상황을 주시하고 있다. [사진 연합뉴스]

게 조달할 것인지도 여전히 큰 숙제다.

모든 에너지 계획의 가장 큰 약점은 실행 주체인 한국전력의 재무 위기다. 한전은 2025년 6월 말 기준 206조 원이 넘는 부채를 안고 있다. 사실상 재무적 마비 상태인 기업이 2038년까지 72조 8000억 원을 투자해 전력망을 확충해야 하는 모순적 상황이다. 하지만 정치적 부담 때문에 전기 요금 현실화도 쉽지 않다.

하지만 이 문제를 더 이상 회피할 수는 없다. 전력망 투자 비용 등을 감안하면, 2026년 전기 요금 추가 인상은 불가피해 보인다. 에너지 전환 비용 분담에 대한 사회적 합의가 없다면, 11차 전기본 자체 가 좌초될 위험이 크다.

## 위기의 기업에 맡겨진 국가 미래

이러한 불확실성 속에서 기업들은 더 이상 정부 정책에만 의존하기 어렵게 됐다. 메타·마이크로소프트· 아마존·구글 등 미국 AI 빅테크 기업들이 폐쇄된 원전 재가동에 투자하거나 상용화 전인 소형모듈원전 에 막대한 돈을 쏟아붓는 이유는 분명하다. 전력 공급을 정부에만 맡겨서는 AI 경쟁에서 뒤처질 수밖에 없다는 절박함 때문이다.

우리나라 기업들도 이제 능동적인 에너지 확보 전략을 실행해야 한다. 첫째, 지역별 차등 요금제를 기회로 삼아 비수도권으로의 이전을 전략적으로 검토해야 한다. 둘째, 기업 전력구매계약(PPA)을 통해 안정적인 전력을 직접 확보해야 한다. 셋째, 에너지 효율 개선을 핵심 경쟁력 강화 전략으로 삼고 과감 히 투자해야 한다. 절약된 에너지가 곧 가장 값싼 에너지이자 가장 깨끗한 에너지다.

2026년은 에너지 정책의 무게 중심이 '계획'에서 '실행'으로 옮겨가는 해다. 정부는 정책 혼선을 조 속히 정리하고, 신규 발전원과 전력망 건설이 계획대로 추진될 것이라는 명확한 신호를 시장에 주어야 한다. 특히 한전의 재무 정상화를 위한 전기 요금 현실화는 더 이상 미룰 수 없는 과제다. 정치적 부담 을 이유로 결단을 회피한다면, 10년 후 한국은 AI 시대에 필요한 전력조차 확보하지 못한 채 경쟁에서 도태될 수 있다.

기업들도 이제 수동적인 소비자 역할에서 과감히 벗어나야 한다. ▲입지 재검토 ▲PPA 계약 ▲에 너지 효율 극대화 등이 새로운 표준이 되어야 한다. 2026년이라는 시험대 위에서 정부의 정책 실행력 과 기업의 전략적 대응이 대한민국의 미래를 결정할 것이다. 에너지 대전환의 거친 항해 속에서 새로운 항해술을 먼저 익히는 자만이 살아남을 것이다. E

# 투자전략

# CHAPTER 5

## CHAPTER 5  투자 전략

# 주식시장, 강세 기조 속 상승세 둔화

"2025년과 같은 폭발적 상승세 기대는 금물
멀리 가기 위해서는 페이스 조절 필요"

**김학균**
신영증권 리서치센터장

역사가 똑같이 반복된다고 보는 건 맹목이겠지만,
가능성과 확률이라는 관점에서
2026년 주식시장이 상승해도 그 속도는 현저히 둔화될 것이다.
멀리 가기 위해서는 다소의 페이스 조절이 나쁜 건 아니다.

주가는 펀더멘털(GDP, 기업이익 등)과 밸류에이션(기업의 이익과 자산가치 등이 주가에 반영되는 정도), 유동성(주식을 매수할 수 있는 자금의 규모)에 의해 결정된다. 경제 성장률과 기업이익으로 본 펀더멘털은 2026년에 개선될 것으로 보이지만, 2025년에 주가가 급등하는 과정에서 이런 기대는 선반영돼 있다고 본다. 지배구조 개선이 동력으로 작용하는 코리아 리레이팅(PER과 PBR 등 한국 증시의 밸류에이션 멀티플이 높아지는 현상)은 2026년에도 이어질 가능성이 높다. 글로벌 유동성도 한국 증시에 우호적인 영향을 줄 것으로 전망된다. 미국의 중앙은행인 연방준비제도가 금리 인하 등 완화적 통화정책을 이어가는 가운데, 달러가 약세를 나타내면서 한국을 비롯한 비달러 자산에 기회를 제공할 것으로 보인다. 결론적으로 2026년에도 한국 증시는 강세 기조를 이어갈 것으로 전망한다.

## 펀더멘털보다 선반영⋯리레이팅이 주도

2026년의 경제 성장률과 기업이익은 전년 대비 개선될 것으로 전망된다. 한국의 GDP는 2025년 1% 내외의 성장에서 2026년에는 시장 컨센서스 기준 1.8%로 성장세가 개선될 전망이다. 기업이익도 증가가 예상된다. 시장은 코스피 상장사 영업이익이 전년 동기 대비 55.9% 증가할 것으로 전망하고 있다. 애널리스트들이 가지고 있는 낙관적 편향을 감안할 때 이런 증가율에 대해서는 다소의 디스카운트가 필요해 보이나, 반도체 업황의 턴어라운드가 2025년 하반기부터 본격화되고 있다는 점을 감안하면 2026년에는 상당 규모의 이익 증가가 예상된다.

다만 예상되는 펀더멘털의 개선이 2026년의 시장 흐름을 결정할 변수는 아니라고 본다. 이미 주가가 2025년에 급등했기 때문이다. 주가는 펀더멘털의 개선이나 악화를 선행적으로 반영한다. GDP 성장률과 코스피의 관계를 살펴보자. 최근 5년 사이 한국의 GDP 성장률이 부진했던 해는 2023년과 2025년이었다. 2023년 성장률은 1.6%로 역대 다섯 번째로 낮은 성장률이 기록됐고, 2025년 성장률 전망치는 1.0%로 2023년보다도 낮다. 성장률이 기록적으로 낮았음에도 코스피는 2023년에 18.7%나 급등했고, 2025년에는 10월 말까지 71.2%나 급등했다. 경기가 나쁜 데 왜 주가가 올랐을까. 주가가 경기 둔화를 선반영했기 때문이다. 코스피는 2022년과 2024년에 각각 -24.9%와 -9.6%의 부진한 성과를 기록했다. 경기 둔화가 현실화되기 한 해 전에 주가가 먼저 조정을 받았던 것처럼 2026년의 순환적 경기 반등에 대한 기대는 2025년 주가가 급등하는 과정에서 선반영됐다고 봐야 한다.

기업이익 급증에 대한 기대도 마찬가지다. 시장의 컨센서스대로 2026년 상장사 영업이익이 55% 급증한다고 가정하더라도, 2025년에 코스피가 70% 넘게 급등하는 과정에서 이익증가에 대한 기대는 이미 주가에 녹아들어 있다고 봐야 한다.

서울 여의도 KRX한국거래소 홍보관 모습. [사진 연합뉴스]

## 글로벌 유동성과 금리 인하 사이클이 만든 완만한 강세장

한국 증시의 밸류에이션이 재평가되는 흐름은 2026년에도 지속될 가능성이 높다. 상장사들의 수익가치와 주가를 비교한 코스피의 12개월 선행 PER(주가수익비율)은 2024년 말 8.4배에서 2025년 10월 말에는 11.7배까지 높아졌다. 상장사들의 자산가치와 주가를 비교한 코스피 12개월 선행 PBR(주가순자산비율)도 0.81배에서 1.29배까지 높아졌다. 여전히 글로벌 주요국 대비 낮지만, 그래도 코리아 디스카운트 완화의 큰 걸음은 시작됐다고 볼 수 있다.

한국증시의 재평가는 지배구조 개선과 관련한 법적, 제도적 변화가 반영된 결과이다. 2025년에 1·2차 상법개정이 이뤄졌고, 상장사들의 자사주 처리와 관련된 3차 상법개정, 배당소득분리과세 최고세율 결정 등과 관련된 후속조치들이 논의되고 있다. 2026년에도 자본시장 관련 정책은 소액주주 친화적인 방향으로 전개될 가능성이 높다. 무엇보다도 한국의 주식투자 인구가 급증했기 때문이다. 2019년 말 610만 명이었던 한국주식 투자인구는 2024년 말 1423만명까지 증가했다. 주식이라는 자산에 이해관계가 노출된 국민들이 많아졌기 때문에 다수 투자자들의 이해를 정치의 영역에서 반영하는 건 당연하고도 자연스런 일이다. 다수 소액주주들의 권한이 강화되는 쪽으로 나타날 지배구조 개선 움직임은 한국증시의 리레이팅에 강력한 동력이 될 가능성이 높다.

글로벌 유동성은 2026년 한국 주식시장을 비롯한 글로벌 자산시장 전반에 가장 큰 영향을 미칠 변수이다. 한국보다 더한 경기 침체가 이어지고 있는 독일, 제로 성장에서 완전히 벗어나지 못하고 있는 일본, 재정위기의 그림자가 드리우고 있는 프랑스와 영국 등의 주가는 최근 수년 간 연이어 사상 최고치를 경신하고 있다. 글로벌 경제에 풀린 유동성의 규모가 너무도 크기 때문이다.

2025년 9월부터 시작된 연준의 금리 인하 사이클은 2026년에도 이어질 것이다. 미국의 금리 인하 여력이 다른 국가들보다 크기 때문에 달러는 미국의 금리 인하 과정에서 약세를 나타낼 가능성이 높다. 미국 달러는 2008년 금융위기 이후 장기간 강세를 지속하다가 2025년 1월에 정점을 통과한 것으로 보인다. 달러가 약해질 때는 한국주식을 비롯한 비달러 자산이 수혜를 보곤 했다.

2026년에도 강세장이 이어질 것으로 보이지만, 2025년과 같은 폭발적인 상승세를 기대해서는 안 된다. 한국 증시에서 코스피가 3~4년 이상 연속으로 오르는 장기 강세장(secular bull market)이 마지막으로 나타났던 시기는 2003~2007년이었다. 중국 경제 고성장의 수혜를 강하게 받고 있었던 당시 코스피는 2003년에 29.2% 급등한 후 2004년에는 10.5% 오르면서 상승의 기울기가 완만해졌다. 이후 코스피는 2005년 54.0%, 2006년 4.0%, 2007년 32.3% 상승했다. 5년의 상승 기간 동안 급등세가 나타난 직후 해인 2004년과 2006년에는 상승률이 현저히 둔화됐다. 2025년 코스피가 기록하고 있는 상승률 71.2%(~10월 31일)은 1980년 이후 역대 네 번째로 높은 상승률이다. 역사가 똑같이 반복된다고 보는 건 맹목이겠지만, 가능성과 확률이라는 관점에서 2026년 주식시장이 상승하더라도 그 속도는 현저히 둔화될 것이다. 멀리 가기 위해서는 다소의 페이스 조절이 나쁜 건 아니다. **E**

## CHAPTER 5 투자 전략

# 성장 둔화해도 AI가 지탱…미국 증시 '완만한 상승'
〈인공지능〉

관세·고용 둔화는 부담, 기술투자·금리 인하가 완충
美 증시, 단기 변동보다 구조적 성장 흐름에 주목

**이영곤**
토스증권 리서치센터장

2026년 미국 주식시장은
성장 둔화와 소비 위축이라는 제약에도 불구하고
▲기술 혁신 ▲기업 이익 개선 ▲완화적 통화정책이
균형을 이루며 완만한 상승세를 이어갈 가능성이 크다.
투자자는 과도한 낙관보다는 신중한 낙관의 관점에서,
단기 변동보다 구조적 성장 흐름에 주목하는 전략이 필요하다.

2026년 미국 주식시장은 완만한 상승 흐름을 이어갈 것으로 보인다. [사진 게티이미지코리아]

2026년 미국 경제는 성장 속도가 다소 둔화되겠지만, 금리 인하와 인공지능(AI) 산업의 지속적인 성장 덕분에 주식시장은 완만한 상승 흐름을 이어갈 것으로 예상된다. 성장률은 2024~2025년보다 낮아지 겠지만, 여러 완충 요인이 경기 하락 위험을 완화할 것으로 보인다. 따라서 2026년 경제는 단순한 침체 가 아니라, 기술 혁신과 정책 대응이 맞물리며 균형을 찾아가는 흐름이 될 것이다.

### 美 성장률 2% 아래로…AI 투자가 버팀목

미국의 실질 국내총생산(GDP) 증가율은 2% 이하로 둔화될 전망이다. 고율의 관세 정책이 소비와 수입 물가에 영향을 미치고 고용시장이 점차 냉각될 가능성이 있기 때문이다. 이민 유입 감소와 연방정부 인 력 축소로 노동공급이 줄면 생산 잠재력도 낮아질 수 있다. 높은 관세는 물가를 자극해 실질 임금 상승 을 억제하고 그 결과 소비여력이 약화될 것으로 예상된다. 임금 상승세 둔화는 가계소득 증가를 제한해

소비 둔화를 더욱 심화시킬 수 있다.

소비 둔화와 함께 고용시장도 점차 약화될 것으로 보인다. 현재는 노동 수요와 공급이 함께 줄어 실업률이 안정돼 있지만, 노동수요가 빠르게 위축되면 실업률 상승이 불가피하다. 비농업 부문의 신규 고용은 예년보다 둔화될 전망이며 실업률은 약 4.5% 수준까지 오를 가능성이 있다.

다만 이러한 하방 압력을 완화하는 요인도 존재한다. AI·반도체·자동화 등 기술 산업 중심의 설비투자가 그 역할을 하고 있다. 기업들은 AI·클라우드 분야에 적극적인 투자를 이어가고 있으며 이는 전통 제조업 부진 속에서도 미국 경제가 침체에 빠지지 않도록 버팀목이 되고 있다. AI·디지털·인프라·에너지 전환 등 신산업에서는 고용 수요가 유지되면서 전체 고용 감소 폭을 제한할 전망이다.

금리는 완화적인 인하 기조를 이어갈 것으로 보인다. 미국 연방준비제도(Fed·연준)은 2025년 하반기부터 기준금리 인하를 시작했으며, 2026년에도 3~4차례 추가 인하가 예상된다. 고용이 완만히 둔화되고 물가가 안정된다면 금리는 점진적으로 낮아지는 이상적인 흐름을 보일 것이다. 다만 관세로 인한 물가 압력이 변수로 작용할 수 있다. 이 요인이 지속되면 금리 인하 폭은 제한될 수 있지만, 에너지 가격 안정이 물가 상승 압력을 상쇄할 가능성이 있다. 시장 금리도 점차 하락해 장기금리는 4.0% 이하 수준에서 안정을 찾을 것으로 전망된다.

연준의 정책 기조 변화에 따라 다양한 완화 조치가 시행될 가능성도 있다. 최근 연준이 물가보다 고용 안정을 중시하는 것 역시 같은 흐름이다. 만약 금융시장에 문제가 발생할 경우 2023년 3월의 은행긴급대출프로그램(BTFP)처럼 유동성을 공급하는 조치가 다시 도입될 수 있다. 상황에 따라 ▲오퍼레이션 트위스트 ▲수익률곡선관리(YCC) ▲양적완화(QE) 등의 정책도 검토될 가능성도 있다. 결국 연준은 경기 둔화 국면에서도 시장 안정을 최우선 과제로 삼아 '최종 대부자'로서의 역할을 충실히 수행할 것으로 보인다.

## 조정과 반등 반복…빅테크가 주도

2026년 미국 주식시장은 완만한 상승 흐름을 이어갈 전망이다. 구체적으로 ▲AI 산업의 성장 ▲기업 이익 확대 ▲기술 투자 ▲금리 인하가 맞물리며 발생하는 긍정적인 모멘텀이 하방 요인보다 우세한 구조를 만들고 있다. AI와 반도체 관련 대형주의 실적은 여전히 견조하며, 이러한 흐름은 2026년에도 이어질 가능성이 높다. S&P500기업의 예상 EPS 증가율은 약 12~14% 수준으로, 여기에 트럼프 행정부의 감세 및 규제 완화 정책과 금리 인하 기대감이 강화된다면 기업 이익 기대감은 더욱 높아질 수 있다.

다만 위험 요인도 존재한다. 높은 관세로 인해 제조업 중심 기업들의 마진이 줄고, 이민자 감소로

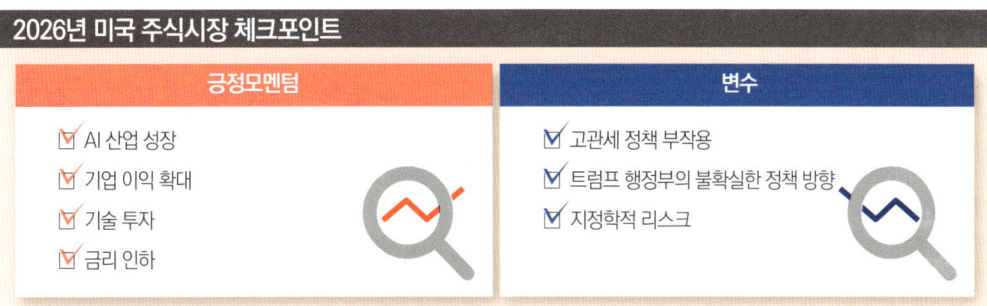

2026년 미국 주식시장 체크포인트

**긍정모멘텀**
- AI 산업 성장
- 기업 이익 확대
- 기술 투자
- 금리 인하

**변수**
- 고관세 정책 부작용
- 트럼프 행정부의 불확실한 정책 방향
- 지정학적 리스크

인한 노동비용 상승이 수익성을 압박할 수 있다. 또한 소수 대형 기술주의 시가총액 비중이 높아진 만큼, 특정 산업이나 종목의 조정이 전체 시장에 큰 영향을 미칠 수 있다. 여기에 ▲트럼프 행정부의 불확실한 정책 방향 ▲국가 간 갈등 ▲지정학적 리스크 등도 잠재적 변수로 남아 있다.

S&P500은 2025년까지 3년 연속 상승하며 70% 이상 올랐고, 나스닥은 같은 기간 100% 이상 급등했다. 이처럼 가파른 상승세로 시장 과열에 대한 경계심이 커지고 있어 2026년에는 급등보다는 조정과 반등이 반복되는 점진적 상승세가 예상된다. 만약 상승 속도가 지나치게 빠르게 나타난다면 오히려 주의가 필요하다. 이는 조급한 매수세가 과도하게 쏠리고 있다는 신호일 수 있다. 이런 현상은 시장 안정성을 떨어뜨리고 변동성은 높여 결국 전반적인 시장 불안을 초래할 가능성이 있다.

업종별로는 빅테크 기업이 여전히 주도적인 역할을 할 가능성이 크다. AI·클라우드·반도체 수요는 구조적으로 증가하고 있으며, 생성형 AI의 상용화로 기술 플랫폼 기업들의 매출 구조도 B2B 중심으로 다변화되고 있다. 반도체 업종은 AI 칩과 고성능 서버용 반도체를 중심으로 실적 개선이 이어질 전망이며, 정부의 반도체 지원 정책과 공급망 재편도 긍정적인 요인으로 작용할 것이다.

AI 산업은 데이터센터, SaaS(Software as a Service), 자동화 및 로봇 등 관련 인프라 수요 증가로 장기적인 성장세를 이어갈 것이다. 또한 트럼프 행정부가 육성하는 방산·에너지·인프라 산업은 정책적 지원을 바탕으로 새로운 주도 섹터로 부상할 가능성이 높다. 이러한 정책 수혜 산업은 단기 경기보다 중장기적 성장성이 중요한 투자 테마가 될 것이다.

결론적으로, 2026년 미국 주식시장은 성장 둔화와 소비 위축이라는 제약에도 불구하고 ▲기술 혁신 ▲기업 이익 개선 ▲완화적 통화정책이 균형을 이루며 완만한 상승세를 이어갈 가능성이 크다. 투자자는 과도한 낙관보다는 신중한 낙관의 관점에서, 단기 변동보다 구조적 성장 흐름에 주목하는 전략이 필요하다. **E**

## CHAPTER 5 투자 전략

# 국내외 펀드, 균형 잡힌 투자가 해답이다

반도체·AI·조선업 등 산업 중심 펀드가 유망
"금리 하락·기술 혁신의 시대…펀드가 부의 사다리"

**김대종**
세종대 경제학과 교수

2026년 이후 글로벌 금융시장은
다시금 성장 국면으로 접어들 것이다.
반도체, 인공지능, 조선업 등 성장 가능성이 높은
산업 중심의 펀드는 국내외를 막론하고 수익 기회가 크다.
금리 하락, 기술 혁신, 글로벌 수요 확대가 맞물리며
펀드 시장의 호황이 이어질 전망이다.

**최근 한국과 미국의 주식시장, 그리고 글로벌 펀드 시장이 빠르게 성장하고 있다.** 2025년 들어 반도체, 조선업, 인공지능(AI) 산업이 세계 경제의 중심으로 부상하면서 투자자들의 관심이 펀드로 집중되고 있다. 펀드는 개인이 직접 주식을 고르지 않아도 전문가가 운용해 주는 간접투자 수단으로, 안정성과 분산 효과를 동시에 갖춘다. 따라서 국내외 시장을 이해하고 합리적으로 분산 투자하는 것이 장기적인 부의 축적에 가장 효율적인 방법이다.

2026년에도 반도체를 포함한 AI 분야와 방위산업 펀드 등은 지속 성장할 것이다. 성장 가능성이 높고 미래가치가 있는 펀드 투자가 필요하다. 미국의 기준금리는 2025년 3.5%, 2026년에는 2.5%, 2027년 1.5%로 매년 약 1%씩 하락할 것으로 전망된다. 금리는 주가와 -0.82의 역상관 관계를 가진다. 즉, 금리가 하락하면 기업의 자금조달 비용이 줄어들고, 소비와 투자가 확대되어 주가가 상승하는 구조다.

은행의 예금 이자가 낮아지면 투자자들은 더 높은 수익을 찾아 주식이나 펀드 시장으로 자금을 옮기게 된다. 이러한 환경에서는 펀드 시장의 성장세가 더욱 가속화될 것이다.

금리가 내려가면 기업들은 낮은 이자율로 자금을 조달해 설비투자와 연구개발을 확대하고, 고용이 늘어나며 경제 전체의 생산성이 높아진다. 특히 기술 집약적 산업에서는 금리 하락이 곧 혁신의 확대로 이어진다. 이런 이유로 2025년 이후는 글로벌 펀드 시장의 황금기가 될 가능성이 높다.

## 국내 펀드 시장의 중심, 반도체와 조선업

현재 한국의 주식시장은 반도체 산업이 주도하고 있다. 삼성전자는 시가총액 약 600조 원, SK하이닉스는 400조 원을 넘어섰다. 한국 전체 시가총액은 약 3000조 원이며, 외국인 투자자의 비중이 33%에 달한다. 외국 자본이 한국 증시의 3분의 1을 차지한다는 것은 그만큼 글로벌 시장이 한국 산업의 성장성을 높게 평가하고 있음을 의미한다.

특히 메모리 반도체 가격이 급등하고, 인공지능용 반도체(HBM 반도체)의 수요가 폭발적으로 증가하면서 한국 반도체 기업의 실적이 크게 개선되고 있다. 삼성전자는 미국의 대형 AI 기업인 엔비디아에 반도체를 납품하며, 고부가가치 시스템 반도체 시장으로 진출하고 있다.

SK하이닉스 역시 AI 서버에 필수적인 고대역폭 메모리(HBM) 반도체 공급을 확대하며 세계 시장 점유율을 높이고 있다. 조선업도 마찬가지로 글로벌 경기 회복과 해상 운송 수요 증가에 힘입어 부활하고 있다. 고부가가치 LNG선과 초대형 유조선, 친환경 선박 분야에서 한국 조선소들은 세계 시장의 60% 이상을 차지하고 있다. 이러한 산업 구조를 고려할 때, 국내 펀드는 반도체·조선업 중심의 성장형 펀드에 투자하는 것이 유망하다.

특히 한국의 방위산업 펀드가 유망할 것이다. 한국은 현재 미국 구축함을 포함한 군함제조를 시작했다. 한국이 가장 크게 미국과 협력가능한 분야가 조선업 분야다. '마스가'라고 부르며 한국은 미국 조선업 부활에 가장 선봉에 서 있다. 방위산업, 반도체 펀드, AI 분야 펀드 등이 유망하다.

글로벌 시가총액 비중에서 미국이 60%, 한국은 약 1.6% 정도다. 전 세계 자본시장의 절대 다수가 미국에 집중되어 있는 셈이다. 따라서 투자 포트폴리오를 국내에만 제한하는 것은 매우 비효율적이다. 미국은 여전히 기술 혁신의 중심이며, AI·반도체·바이오·클라우드 산업이 성장을 주도하고 있다.

특히 엔비디아·마이크로소프트·구글·아마존 등 AI 인프라 기업들은 폭발적인 실적을 보이고 있다. 엔비디아는 AI 학습용 그래픽처리장치(GPU) 반도체 시장을 사실상 독점하고 있으며, 전 세계 AI 데이터센터의 핵심 부품 공급업체로 자리 잡았다. 이러한 AI 산업의 급성장은 '해외 AI 펀드'의 수익률을 끌어올리는 주요 요인이 되고 있다.

해외 펀드 중에서도 미국 S&P500 지수를 추종하는 지수형 펀드, AI 및 반도체 산업에 집중 투자하는 성장형 펀드, 그리고 고배당 안정형 상장지수펀드(ETF) 등이 대표적인 선택지다. 금리가 하락하고 달러 가치가 점진적으로 안정될 경우, 해외 펀드의 환차익과 자본이익이 동시에 기대된다.

경영학의 기본 원리에 따르면 주가는 '미래 현금 흐름의 현재 가치'로 결정된다. 즉, 기업이 앞으로 창출할 수익과 성장 가능성이 주가에 선반영되는 것이다. 투자 심리가 여기에 더해져 단기적으로 등락을 만들지만, 장기적으로는 실적이 주가를 결정한다.

경영학에서는 주가를 경기의 6개월 선행지수라고 한다. 즉 기업 실적이 6개월 뒤에 뒷받침될 때 주가는 상승한다는 것이다.

한국의 삼성전자와 하이닉스 등 반도체 기업 실적은 2026년 크게 개선될 것이다. 따라서 펀드 투자자는 단순히 시장 분위기에 휩쓸리지 말고, 6개월~1년 후 기업의 실적이 뒷받침될 수 있는 산업에 투자해야 한다. ▲반도체 ▲AI ▲조선업 ▲2차전지 ▲바이오 산업 등은 향후 5년간 글로벌 경제의 중심이 될 가능성이 높다. 이러한 산업에 기반한 펀드야말로 지속 가능한 수익을 기대할 수 있다.

## "분산 투자와 장기 투자 전략 필요"

펀드 투자의 가장 큰 장점은 분산 투자 효과다. 개별 종목에 투자할 때보다 위험이 낮고, 다양한 산업에 동시에 노출될 수 있다. 특히 국내외 펀드를 적절히 혼합하면, 특정 지역의 경기 둔화나 환율 변동에도 흔들리지 않는 안정적인 포트폴리오를 구축할 수 있다.

## 2026년 펀드 시장에 영향 미칠 투자 환경

| 항목 | 전망 |
|---|---|
| 기준금리 | 2.0%까지 25bp 인하 가능성 |
| 소비자물가 | 연간 2% 수준 유지 전망 |
| 성장률 | 2026년 2.2% 회복 가능 |
| 수출환경 | 반도체·배터리 수요 회복, 미·중 관세 변수 유의 |
| 주식시장 | 정치 안정+추경 집행으로 4100 돌파, 추가 상승 여지 |
| 정책 리스크 | 트럼프의 무역 기조, 관세 재협상 가능성 |
| 배당정책 | 확대보다는 주가 중심의 주주 보상 바람직 |

예를 들어, 한국의 반도체 펀드와 미국의 AI 펀드, 유럽의 친환경 에너지 펀드를 동시에 보유한다면 산업별·지역별 리스크를 분산시킬 수 있다. 장기적으로는 복리 효과가 누적되어 원금 대비 높은 수익률을 얻을 수 있다.

또한 펀드 투자는 단기 매매보다 장기 보유 전략이 효과적이다. 시장의 단기 등락은 예측하기 어렵지만, 장기적으로는 성장 산업의 가치가 반드시 주가에 반영된다. 따라서 최소 3년 이상, 가능하다면 5년 이상의 장기 투자 관점에서 접근해야 한다.

한국 종합주가지수(KOSPI)는 4000포인트를 돌파하며 사상 최고치를 경신했다. 이는 금리 하락, 반도체 경기 회복, 수출 증가가 맞물린 결과다. 하지만 외국인 자본 비중이 높고, 환율 변동성이 크다는 점은 여전히 리스크 요인이다. 따라서 한국 정부와 금융당국은 외환보유액을 충분히 확보하고, 금융 시장의 안정성을 강화해야 한다.

개인 투자자 또한 국내외 경제 동향을 주시하면서, 변동성이 높을 때마다 분할 매수 전략으로 접근하는 것이 바람직하다. 지나친 단기 차익 추구보다는, 펀드를 통한 안정적 자산 증식을 목표로 해야 한다.

2026년 이후 글로벌 금융시장은 다시금 성장 국면으로 접어들 것이다. 반도체·AI·조선업 등 성장 가능성이 높은 산업 중심의 펀드는 국내외를 막론하고 수익 기회가 크다. ▲금리 하락 ▲기술 혁신 ▲글로벌 수요 확대가 맞물리며 펀드 시장의 호황이 이어질 전망이다.

투자의 핵심은 균형이다. 국내 펀드로는 반도체·조선업 등 실적 기반 산업에, 해외 펀드로는 미국 중심의 AI 및 첨단 기술 산업에 분산 투자해야 한다. 시장을 예측하기보다는 꾸준히 투자하고 기다리는 인내가 중요하다. E

# CHAPTER 5 투자 전략

# 2026년 비트코인, 주기인가 새로운 질서인가

ETF·금리·기관 매수⋯확장되는 비트코인 시장
4년 주기론 vs 현실 채택⋯승부는 심리

**김민승**
코빗 리서치센터장

무엇보다 4년 주기론이
여전히 투자 심리의 핵심 변수로 작용하고 있다.
모든 변수를 압도할 가장 큰 호재는
미 연방정부의 비트코인 매수 계획 발표이며,
관건은 그것이 과연 언제인가다.

**비트코인의 '4년 주기론'이 다시 주목받고 있다.** 약 21만 블록마다 채굴 보상이 절반으로 줄어드는 '반감기'는 공급 충격을 유발한다는 점에서 가격 흐름의 주요 변곡점으로 여겨졌다.

실제 2012년·2016년·2020년·2024년 반감기는 모두 미국 대선이 있던 해와 일치했다. 과거 네 차례 반감기마다 직후에는 소폭 조정을 거친 뒤 점진적 상승으로 이어졌고, 반감기 다음 해 4분기에 신고점을 경신하는 일정한 패턴도 관찰됐다.

2024년 반감기 다음 해인 올해 4분기 역시 사이클 고점이 될 것이라는 전망 속에 비트코인은 10월 초 사상 최고가를 경신하며 다시 강세 국면에 진입했다. 시장의 초점은 2025년 4분기 이후 비트코인이 하락 국면에 진입할 것인지, 아니면 2026년까지 상승세를 이어갈 것인지에 맞춰지고 있다.

4년 주기론 지지자들은 내러티브가 달라도 결국 가격은 일정한 패턴을 따라왔다고 주장한다. 판테라캐피털은 2022년 11월 과거 패턴을 근거로 2025년 8월 11일 비트코인 가격이 11만 7000달러에 이

서울 서초구 빗썸라운지 강남 본점 현황판에 비트코인 시세가 표시되고 있다.[사진 연합뉴스]

를 것이라 전망했고 실제 가격은 11만 9000달러까지 도달했다. 블록체인 분석업체 글래스노드는 장기 보유자 심리와 기관자금 유입 변화 등을 근거로 4년 패턴이 여전히 유효하다고 분석했다.

## 비트코인 4년 주기론, 여전히 유효한가

반면 최근에는 "4년 주기론은 끝났다"는 반론이 힘을 얻고 있다. 비트코인 현물 상장지수펀드(ETF) 상장과 트럼프 행정부의 규제완화, 디지털 자산 트레저리(DAT) 확산 등으로 인해 시장 참여자 구성이 변했고, 전통적 투자 사이클이 더는 유효하지 않다는 것이다. 이는 곧 2026년에도 상승세가 지속될 수 있다는 뜻이다.

암호화폐 자산운용사 비트와이즈의 매트 호건 최고투자책임자(CIO)는 4년 주기를 형성하던 조건이 약해졌다는 점을 들어 "4년 주기는 끝났다"고 평가했다. 펀드스트랫 설립자 톰 리는 최근 기관투자자들의 자금 유입이 전통적 사이클을 교란하고 있다고 주장했다. 리얼비전 최고경영자(CEO) 라울 팔은 현재 시장이 전통적 4년 주기가 아닌 "확장된 5년 주기"에 놓여 있다고 진단하며, 비트코인 가격이 글로벌 유동성·달러·채택 속도와 맞물려 2026년 6월에 사이클 고점에 도달할 수 있다고 전망했다.

다만 비트코인의 역사는 여전히 짧고, 과거 데이터를 근거로 미래를 판단하기에는 통계적 축적이 충분치 않다. 특히 2025년 말은 주기론 상으로는 하락해도 이상할 것이 없지만, 과거와 달리 가격에 영향을 줄 구조적 변화가 복합적으로 발생하고 있다는 점이 전망을 어렵게 만든다.

첫째, ETF 상장과 트럼프 2기 행정부 출범으로 비트코인의 제도권 자산화가 빠르게 진전되고 있다는 점이다. 2024년 1월 미국 증시에 비트코인 현물 ETF가 상장된 이후 기관·기업·국부펀드까지 접근성이 열리며, 과거 소수 개인 중심 투기 자산으로 인식되던 성격에서 완전히 탈피하고 있다. 이러한 자금 유입 확대는 단기 가격 조정이 있더라도 장기 상승을 지지할 가능성이 크다.

## ETF·금리·국가 매수…새로운 질서가 온다

둘째, 디지털 자산 트레저리(DAT) 전략을 추구하는 기업이 증가하고 있다. 마이크로스트레티지(현 스트레티지)가 보유한 64만 개를 필두로 상위 100개 기업이 약 100만 개 이상의 비트코인을 보유하고 있으며, 이들의 매수 규모와 기업 수는 계속 늘어나는 추세다. 통화정책과 무관하게 기업 재무전략의 일환으로 비트코인 매수가 이뤄진다는 점은 가격 지지 요인으로 작용할 수 있다.

셋째, 금리 인하 기조다. 2022년 비트코인 폭락이 테라·FTX 사태 등 내부 요인 때문으로 여겨졌지만, 실제 하락은 연준의 금리인상 직후 시작됐다. 2005년 들어서는 고용·물가 지표에 비트코인이 민감하게 반응하는 모습이 반복되고 있다. 2025년 9월 이후 연준은 금리 인하를 시작했고, 이는 비트코인 가격의 상승을 지지할 수 있는 요소다.

넷째, '비트코인 우주경쟁' 가능성이다. 백악관이 비트코인을 전략준비자산으로 지정했고, 와이오밍·텍사스·아리조나 등 일부 주에서도 유사한 움직임이 관측된다. 다수 국가가 비트코인을 국가 전략자산으로 검토하는 가운데, 미국이 본격 매수에 나서는 순간 글로벌 차원의 '비트코인 패권 경쟁'이 촉발될 가능성이 있다. 이는 20세기 우주 경쟁(Space Race)에 비견되는 'Bitcoin Space Race'가 될 수 있으며, 가격에 미칠 잠재적 영향은 매우 크다.

예측은 늘 어렵다. 만약 연말연시 비트코인이 고점을 찍고 하락한다면 "4년 주기론이 옳았다"는 평가가 쏟아질 것이고, 2026년에도 강세가 이어진다면 "4년 주기론은 무효"라는 분석이 힘을 얻을 것이다. 가치평가가 가능한 기업이 아닌 비트코인은 시장 심리의 영향력이 훨씬 크다. 2026년 1분기에는 금리 인하·디지털 자산 재무기업(DAT) 증가 등 호재가 상존하는 한편 지정학적 리스크나 무역 분쟁 가능성이 상존해 심리전이 특히 치열할 것으로 보인다. 무엇보다 4년 주기론이 여전히 투자 심리의 핵심 변수로 작용하고 있다. 모든 변수를 압도할 가장 큰 호재는 미 연방정부의 비트코인 매수 계획 발표이며, 관건은 그것이 과연 언제인가다. **E**

# CHAPTER 5 <small>투자 전략</small>

# 고변동성의 해…생존 포트폴리오

롤러코스터 예상되는 금융시장
긴 호흡·분산·헤지로 버텨야

**오건영**
신한은행 팀장

2026년에도 상당한 변동성이 이어질 것으로 보인다.
대체자산까지 포함하는 자산 분산과
미국 이외 신흥국의 투자 비중도 일정 수준 높이는 넓은 지역 분산,
인플레이션 헤지 포트폴리오를
단기 변동성에 흔들리지 않고 긴호흡에서 이어가는 전략이
효과적일 것으로 생각한다.

2026년에도 금융 시장의 고변동성 흐름은 이어질 것으로 보인다. [게티이미지코리아]

**트럼프 2.0 시대의 두번째 해라고 할 수 있는 2026년을 맞아 투자자들은 어떤 금융 상품 투자 전략을 고려해야 할까?** 그 실마리를 찾기 위해서는 트럼프 2.0 시대의 첫 해였던 2025년의 흐름을 되새겨볼 필요가 있다. '트럼프 2.0'이라 쓰고 '변동성'이라고 읽을 수 있다는 말이 과언이 아닐 정도로 2025년 한 해 동안 글로벌 금융 시장은 그야말로 롤러코스터를 반복했다.

## 2025년 금융시장 '롤러코스터'

2025년 초 트럼프의 취임을 전후해서 전 세계 경제는 미국의 압도적인 성장세, 이른 바 '미국 예외주의'(US exceptionalism)에 주목했다. 미국의 강한 성장에 투자하기 위한 전 세계 투자자들이 미국 금융 시장으로 몰리면서 미국 주식 시장은 뜨거워지고 달리는 초강세를 나타냈는데, 이에 투자자들은 미국 자산으로의 쏠림 투자를 강화하기 시작했다. 특히 한국을 비롯해 장기간 부진했던 신흥 시장 투자 비중

**2026년 금융 자산 투자 전략 4가지**

1 긴 호흡의 투자가 중요

2 '금' 같은 대체 자산을 고려해야

3 한국·중국 등 자산 시장 지역 분산해야

4 인플레이션 리스크를 감안해야

을 크게 줄이고 미국 투자 자산을 비중을 크게 늘리기 시작했다.

그러나 2025년 4월 '해방의 날' 발표된 트럼프 행정부의 185개국에 대한 보편 관세는 전 세계 금융 시장을 충격을 빠뜨리기에 충분했다. 그리고 그 충격의 여파에서는 미국 역시 자유롭지 못했는데, 전 세계 경제의 리더였던 미국의 지위가 무너질 것이라는 두려움까지 겹쳐지며 미국의 주식, 국채, 그리고 통화인 달러까지 모두 매도하고 미국에서 이탈하는 '셀 아메리카'(Sell America) 현상이 나타났다. 안전 자산으로 분류되던 미국 국채와 달러가 위험 자산인 주식과 함께 무너지는 기현상을 이 때 경험했으며 미국 자산에 쏠림 투자를 이어가던 투자자들은 적지않게 당황할 수밖에 없었다.

이후 트럼프 행정부의 감세 및 규제완화, 그리고 중앙은행의 독립성을 뒤흔들며 진행한 연준의 금리 인하까지 가세하며 미국 자산을 비롯한 글로벌 금융 시장 전체가 뜨겁게 달아오르기 시작했고 주식·채권·통화, 그리고 금과 같은 원자재까지 급등하는 이른 바 '애브리싱 랠리'(Everything Rally)를 2025년 하반기에 볼 수 있었다. 미국 예외주의에서 셀 아메리카, 그리고 애브리싱 랠리로 이어지는 금융 시장의 흐름은 투자자들에게는 롤러코스터와 같은 변동성으로 기억된다. 그리고 트럼프 2.0의 두 번째 해라고 할 수 있는 2026년에도 이런 고변동성은 이어질 것으로 보인다. 이에 필자는 2025년의 경험을 토대로 금융 상품 투자 전략에서 다음의 4가지를 제안해볼까 한다.

## 2026년 투자 키워드…'긴 호흡'과 '대체자산'

첫째, 긴 호흡의 투자가 중요하다는 점이다. 단기 변동성이 매우 높은 상황에서 단기적인 시장의 흐름을 추수하며 매매를 반복하는 투자는 트럼프 2.0 시기에 투자 실패를 경험할 수 있는 가장 빠른 방법이다. 연초 미국 자산을 사들이다가 셀 아메리카 국면에서 이를 팔았다면, 이후의 랠리를 경험할 수 없었을 것이다. 반대로 단기적인 등락이 크더라도 긴호흡에서 특정 투자 자산과 해당 자산에 투자할 수 있는 금융 상품에 대한 긴 호흡에서의 믿음이 있다면 충분히 성공적인 투자를 이어갈 수 있다. 긴 호흡에서 주식·채권·대체 자산으로 포트폴리오를 구성하고 잦은 리밸런싱을 지향하는 방향이 가장 현명할 것으로 보인다.

둘째, 대체 자산을 고려해야 한다. 주식·채권과 같은 전통적인 자산 뿐 아니라 대체 자산, 특히 금에 대한 긴 호흡에서의 투자를 고려할 필요가 있다. 트럼프 행정부는 과거와는 달리 미국이 세계의 경찰 역할을 더 이상 수행하지 않을 것임을 강조하고 있다. 경찰이 사라진 세계에서는 소소한 지정학적 분쟁이 언제 어디서 일어나도 전혀 이상하지 않다. 2022년의 러시아-우크라이나 전쟁, 2023년의 이스라엘-하마스 분쟁, 2024년의 이란-이스라엘 전쟁, 2025년의 인도-파키스탄 전쟁에 이르기까지 최근에는 연례행사처럼 잦은 지정학적 분쟁을 목도하고 있다. 트럼프 정책 변화로 인한 지정학적 리스크의 상시화는 해당 리스크를 헤지할 수 있는 금융 상품에 대한 니즈를 높이는데, '금'이 여기에 해당한다.

아울러 트럼프 행정부의 대규모 감세는 미국의 부채 문제를 보다 심화시킬 가능성이 높은데, 과도한 부채 상황에서는 부채의 실질 부담을 낮추기 위한 차원에서 실질 금리를 낮추려는 시도가 이어지게 된다. 실물 화폐인 '금'은 종이 화폐인 '달러'와는 달리 이자가 부과되지 않는다. 달러의 실질 금리가 높아지면 금의 상대 매력이 낮아지지만 반대로 달러의 실질 금리가 낮아진다면 금의 매력은 더욱 높아질 수 있다. 단기 가격 급등의 부담을 안고 있는 '금'이지만 긴 호흡에서 주식·채권 이외의 대체 자산으로 포트폴리오에 반영할 필요가 있는 금융 상품이다.

## "미국만 바라보지 말라" 분산과 헤지 전략 중요

세 번째로 지역 분산을 말할 수 있다. 미국으로의 쏠림이 커졌을 때 만나는 셀 아메리카의 충격은 매우 크게 다가올 수 있다. 반면 2025년에는 일반 투자자들의 예상과는 달리 한국·중국 등 장기간 부진했던 신흥국 주식 시장이 상당한 성과를 보여줬다. 중국은 불경기 속에서 이어져왔던 긴축에서 벗어나 부양 모드로 전환됐다는 점에 주목해야 하며, 한국은 신정부 출범 이후 기조적으로 이어질 주주 가치 제고 프로그램에 관심을 기울여야 한다.

최근 국민연금은 장기 구조적인 자산 시장의 성장을 감안해 미국 주식 투자의 비중을 늘렸던 추세에서 벗어나, 국내 기업들의 주주가치 제고 흐름이 이어진다면 다시금 국내 주식 투자 비중을 늘릴 수 있음을 밝힌 바 있다. 미국 일변도의 상승 흐름에서 벗어날 가능성이 있기에, 우리는 포트폴리오에서 미국 뿐 아니라 한국·중국·일본·유럽 등의 다양한 자산 시장에 대한 관심 및 일정 수준의 분산을 고려할 필요가 있다.

마지막으로 인플레이션 리스크를 감안할 필요가 있다. 2025년에는 시장이 애써 물가 위험을 무시하는 경향이 강했다. 관세의 부과가 8월부터 시작됐기에 그 영향이 연내 두드러지게 나타나기는 쉽지 않았다. 이에 2025년 내내 물가 부담을 투자 과정에 반영할 필요가 없었다. 그러나 2026년에는 본격적인 관세의 물가 영향이 나타날 것으로 보인다. 아울러 4년 이상 이어진 기조적 인플레이션이 고착화될 가능성과 함께 연준의 독립성 훼손 우려 역시 커질 것으로 보인다.

이 경우 단순히 금리 인하만을 기대하며 진행하는 초장기 채권 투자에 대한 경계감을 키울 필요가 있다. 채권의 기간 만기를 넓게 분산할 필요가 있으며, 인플레이션을 헤지하는 자산이라 할 수 있는 원자재·금 등을 포트폴리오에 작은 비중으로라도 반영해놓을 필요가 있다.

트럼프 2.0의 두 번째 해를 맞는 2026년에도 상당한 변동성이 이어질 것으로 보인다. 대체 자산까지 포함하는 자산 분산과 미국 이외 신흥국의 투자 비중도 일정 수준 높이는 넓은 지역 분산, 인플레이션 헤지 포트폴리오를 단기 변동성에 흔들리지 않고 긴 호흡에서 이어가는 전략이 2026년에 효과적일 것으로 생각한다. **E**

투자 전략

# 연금보험, 주목할 트렌드 세 가지

'저축'서 '투자'로 자금이동 본격화…펀드 적립금 76% '껑충'
연금 인출 시대 온다…자산유동화 보험 상품에도 관심

**이정원**
미래에셋투자와연금센터 선임연구원

해외에서는 주식시장에 투자하면서도
종신으로 연금을 지급받는 상품이 큰 인기를 끄는가 하면
블록체인을 활용해 계약을 체결하는 보험상품도 등장하고 있다.
변화하는 환경을 극복하면서 발전해온
연금보험의 성장을 기대한다.

**연금보험은 변화하는 시장 환경과 가입자 생애주기 등을 반영해 발전해왔다.** 여러 여건 가운데 최근 연금보험 트렌드 변화의 큰 흐름을 주도한 요인은 장기 저금리 기조라고 할 수 있다.

연금보험은 이율에 따라 연금 지급액이 변동되는 경우가 많다. 즉, 금리가 높을 때는 연금 수령액이 많지만 금리가 낮아지면 연금 수령액도 적어진다. 과거 고금리 시절에는 금리형 상품을 통해 노후대비가 가능했으나 저금리 추세가 이어지면서 연금보험은 많은 도전을 받고 있다. 또한 베이비부머 세대 은퇴와 기대수명 증가에 따른 고령인구 확대로 인해 과거 종신보험의 영광이 저물고 있는 것도 변화의 큰 흐름이다.

저금리·수명연장·베이비부머 은퇴 등의 여건 속에서 2026년에 눈여겨볼 만한 연금보험의 트렌드 변화 3가지는 ▲이자 보다 높은 수익을 추구하는 '투자'로의 전환 ▲본격적인 연금 '인출'의 확산 ▲노후 소득 확보를 위한 '자산 유동화'이다.

## 금리형 상품에서 투자형 상품으로

첫 번째로는 저축에서 투자로 자금이동이 본격화될 것이다. 연금보험은 적립금 운용방법에 따라 이율형 연금보험과 변액연금보험으로 나눌 수 있다. 이 중 공시이율형 연금보험은 매달 보험사가 공시하는 이율을 기준으로 이자를 지급하는 구조이며 여기에 추가로 금리 변동성에 따른 부담을 줄이기 위해 최저이율보증 옵션을 제공하는 경우도 있다. 2025년 10월 기준 보험사에서 공시한 이율은 2% 초반에서 중반 사이, 최저보증이율은 약 2% 초반 수준이다. 2000년대 초반 공시이율 6%대로 가입할 수 있었던 때와는 사정이 많이 달라졌다.

공시이율형 연금보험은 금리를 적용해 연금 지급액을 정하므로 저금리 기조 안에서 수령할 수 있는 연금액은 제한되며 이러한 추세는 앞으로도 이어질 전망이다. 따라서 과거처럼 공시이율형 연금보험 만을 활용해 사망 시까지 안정적인 소득을 확보하려면 훨씬 더 많은 보험료를 납입해야 한다. 이런 상황 속에서 이자 보다 더 높은 수익을 추구함으로써 노후를 대비하기 위해 금리형 상품에서 투자형 상품으로 머니무브가 발생하고 있다. 이 같은 현상은 세제 적격인 연금저축보험·연금저축펀드에서 두드러지고 있다.

2024년 말 기준 연금저축보험 적립금은 115조 5000억 원으로 전년과 비슷한 수준을 유지하고 있는 반면 연금저축펀드 적립금은 40조 4000억 원으로 최근 2년간 76.4% 급증했다.

낮은 이율 때문에 연금저축보험에 대한 관심도가 하락하는 동안 연금저축펀드가 크게 부상하는 것이다. 연금저축펀드는 주식·채권 등에 투자해 이자 수익보다는 더 높은 수익이 기대할 수 있다. 코로나

person-to-person
computer network
file share system

person-to-person
computer network
file share system

## P2P PEER TO PEER

19 이후 주식시장 상승 등과 맞물려 적립금이 2024년 한해 동안 10조 원 이상 늘어나는 등 높은 성장세를 나타내고 있다.

저금리 기조가 이어질 것으로 예상되는 가운데 이율형 보험상품에 대한 관심은 낮아지는 반면 투자형 상품에 대한 관심은 높아지는 양상이다. 특별계정 내 자산을 펀드와 같은 투자형 상품으로 운용하는 변액보험도 성장세를 나타내고 있다.

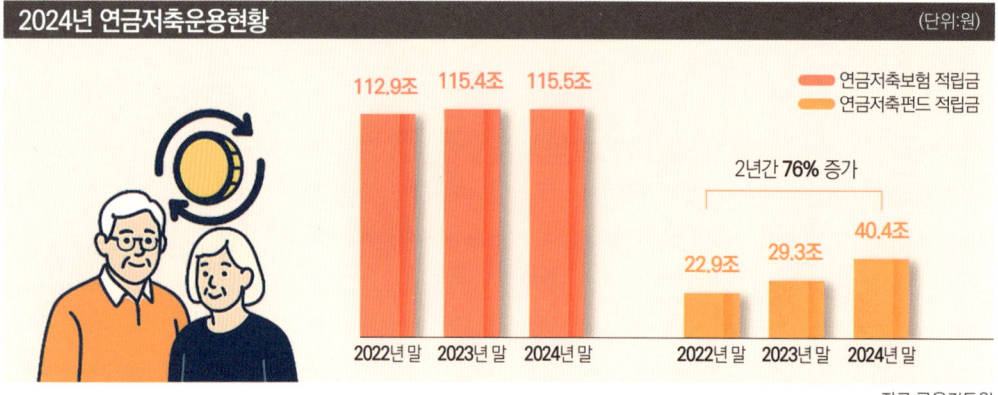

2024년 연금저축운용현황 (단위:원)

112.9조　115.4조　115.5조

■ 연금저축보험 적립금
■ 연금저축펀드 적립금

2년간 **76%** 증가

22.9조　29.3조　40.4조

2022년 말　2023년 말　2024년 말　　2022년 말　2023년 말　2024년 말

자료:금융감독원

## 본격적인 연금 인출의 확산

둘째, 연금을 받으면서 투자하는 시대가 열린다. 베이비부머 세대가 은퇴하기 시작하면서 연금 인출기에 접어드는 인구가 크게 늘어나고 있다. 따라서 적립기뿐 아니라 인출기 자산관리에 대한 관심도가 높아지고 있다.

연금보험 수령시 종신형을 선택하면 보험사 공시이율에 따라 연금지급액이 정해지는데 최근 저금리로 인해 수령액이 많지 않다. 이에 대응해 보험회사는 연금 인출기 고객을 위해 투자상품에 보증 기능을 결합해 지급액을 보증하는 상품을 출시하고 있다. 최근 출시된 '보증형 실적배당보험'이 한 예이다. 지난 2023년 퇴직연금 감독규정 개정을 통해 개인형퇴직연금계좌(IRP)에서 가입 가능하게 됐으며 특별계정에 투입된 보험료를 운용하면서 동시에 납입보험료 원금을 보험회사에서 보증해주는 형태다.

과거에는 연금자산 적립기에 운용하더라도 인출기에는 운용을 중단하고 이율형으로 연금을 수령하는 형태가 대부분이었다. 그러나 늘어나는 수명과 충분한 노후소득 확보를 위해 50대 이후에도 투자를 지속할 수 있도록 인출기 전용 안전장치가 장착된 상품이 출시되고 있는 것이다.

50대부터 70대까지는 자산관리의 목표가 단순히 자산의 증가에 국한되지 않는다. 이 시기에는 은퇴를 하게 되면서 급여소득 등을 대신할 수 있는 안정적인 소득원의 확보가 필요한데 변동성이 높은 투자상품에 노후자산을 투입하면 자산규모, 정기적인 소득이 예상치 못하게 줄어들 수 있기 때문이다. 따라서 보험회사가 일정 보증비용을 받는 대신 투자상품이면서 동시에 원금이 손실되지 않는 형태의 상품을 제공하고 있다.

은퇴 후에는 지급액에 대한 보증 기능이 있는 금융상품이라야 더욱 적극적인 투자가 가능할 뿐만 아니라 연금 인출의 측면에서도 더 원활한 인출이 가능함이 해외사례에서도 많이 언급되고 있다. 보험상품의 소득을 보증하는 기능이 자산(Asset)을 소득(Income)의 형태로 전환하는 데에도 활용되는 것이다.

## 자산 유동화 수단으로 활용되는 보험상품

셋째, 묶여있는 자산을 유동화해 노후 소득으로 전환할 것이다. 우리나라 대다수 고령층의 자산은 주로 부동산에 쏠려 있어 정기적인 수입을 발생시키지 못해 어려움을 겪고 있다. 은퇴 후에는 지출에 필요한 소득이 필요한데 자산 유동화가 원활하게 이뤄지지 않는 것이다. 이를 해결하기 위해 주택연금 활성화와 함께 최근 사망보험금 유동화 제도가 시행되고 있다.

사망보험금 유동화 제도는 2025년 10월 30일 본격적으로 시작된 제도로서 가입자 사망 시 유족에게 지급되는 사망보험금(금리확정형)의 90% 범위까지 가입자 생전에 생활비로 쓸 수 있도록 하는 제도다. 노후 생활을 자녀에게 의지하지 않고 부모가 스스로 해결하고자 하는 시대적 흐름이 반영된 이기도 하다. 아직은 초기 단계이나 앞으로 사망보험금 유동화 제도와 같은 형태로 자산을 유동화해 노후소득을 확보할 수 있도록 하는 제도나 상품은 더욱 강화될 것으로 예상된다.

연금보험은 시장환경, 가입자의 생애주기와 재정여건 등을 반영해 노후소득의 보장을 더욱 강화하는 방향으로 변화하고 있다. 해외에서는 주식시장에 투자하면서도 종신으로 연금을 지급받는 상품이 큰 인기를 끄는가 하면 블록체인을 활용해 계약을 체결하는 보험상품도 등장하고 있다. 변화하는 환경을 극복하면서 발전해온 연금보험의 성장을 기대한다. **E**

# CHAPTER 5 투자 전략

# 규제 강화되는 아파트, 기회 넓히는 오피스텔

오피스텔은 수도권 소형 중심 투자 매력 부각
상가는 공실·비용 압박 속 업종 선별이 관건

**진미윤**
명지대 부동산대학원 교수

2026년 이후의 부동산 정책은
단순한 가격 안정이 아니라, '자산축적 중심의 주거 체제'를
어떻게 전환할 것인가라는
구조적 과제를 피할 수 없게 될 것이다.

전국 미분양은 2022년 12월 이후 34개월째 6만 7000호 수준을 이어가는 가운데, 서울 등 수도권 일부 지역의 매매시장은 2025년 들어 과열 조짐을 보였다. 이에 정부는 수도권·규제지역에는 '가계부채 관리 강화 방안'(6·27 대책)을 통해 ▲2주택 이상 추가 구입 대출 제한 ▲소유권 이전 전세대출 금지 ▲주택담보대출 한도 6억 원 일괄 제한 등 갭투자와 과도한 차입 수요를 차단했다. 반면, 침체가 이어지고 있는 지방 시장에 대해서는 '8·14 대책'을 통해 ▲인구감소지역 세컨드홈 세제 지원 ▲준공 후 미분양 공공매입 ▲미분양 취득자 세제 감면 등 경기 부양 조치를 시행했다.

이어 '주택공급 확대방안(9·7 대책)'에서는 2026~2030년 서울·수도권 135만 호 신규 착공 계획과 함께 규제지역 내 ▲매매·임대사업자 대출 제한 ▲1주택자 전세대출 한도 2억 원 통일 등 대출 수요 관리 강화가 병행됐다. 그러나 서울 중심의 가격 상승세가 지속되자, 정부는 '10·15 대책'을 통해 초강력 수요억제책을 가동했다. 조정대상지역·투기과열지구와 토지거래허가구역을 종전 서울 4개 자치구에서 전 자치구와 경기도 12곳으로 확대 지정하여 주택 취득일로부터 2년간 실거주 의무를 부과했다. 또한 주택담보대출 6억 원 한도 제한을 주택가격에 따라 차등화(15억 원 이하 최대 6억 원, 15억~25억 원은 4억 원, 25억 원 초과는 2억 원)했으며, 스트레스 금리 상향 조정(1.5~3.5%), 수도권·규제지역에서 1주택자가 임차인으로 전세대출을 받는 경우 전세대출 이자상환분을 총부채원리금상환비율(DSR)에 반영했다.

## 아파트, 지방은 회복 기대…서울·수도권은 규제 중첩으로 수요 위축

이처럼 수도권은 강도 높은 수요 규제, 지방은 경기 부양책이라는 이원화된 정책 기조가 2026년에도 이어질 전망이다. 지방은 미분양 정체에도 불구하고 세컨드홈 수요 확대와 공공매입 정책의 효과로 시장 회복의 모멘텀을 마련하고, 광역시를 중심으로 완만한 반등세가 기대된다. 반면 서울과 수도권 규제지역의 경우 갭투자의 동력은 크게 약화되겠지만 실거주 의무와 대출 제한 등으로 거래가 감소하고 투자 심리가 위축, 정책 피로감이 누적될 가능성이 크다. 매매수요 위축은 임차수요의 증가로 이어져 전·월세 가격 상승 압력을 높일 것이다. 다만 과거처럼 전세가 상승이 일정 시차 후 매매가 인상으로 이어지는 경로보다는, 월세 전환 확산에 따른 월세 부담 증가로 나타날 가능성이 높다. 결과적으로 월세 부담이 가계의 주요 사회·경제적 이슈로 부각될 전망이다.

한국의 아파트 시장은 경제·금융·정치·세대·계급이 교차하는 압축적 사회현상이다. 아파트는 단순한 주택유형이 아니라 자산의 언어(assetization)이자, 대단지 브랜드 가치가 결합된 프리미엄 입지재, 세대 간 자산격차의 상징, 그리고 정책 실험의 무대로 기능해 왔다. 그 결과 아파트는 주택시장·정치시장·투자시장이라는 삼중 구조 속에서 작동하며, 가격 상승은 공급 부족이나 수요 집중을 넘어 '자산을 키우는 도구(wealth-driven asset)'로 인식돼 왔다. 수차례의 경기 변동에도 불구하고 여전히 '서울 아파트만이 부를 만든다'는 믿음이 굳건한 이유다.

정부가 초강도 규제로 수요를 억제하더라도, 자산을 축적하는 엔진 자체를 멈추게 하기는 어렵다. 이제 아파트 시장의 성장 동력은 소득에서 신용으로, 다시 자산으로 이동했으며, 이러한 자산화 경향은 오히려 한층 강화될 가능성이 높다. 다만 중첩된 규제와 대출 제한 속에서 시장의 순환 속도는 느려지고, 갈아타기 수요는 위축, 투자층은 점차 이탈할 것이다. 거래가 줄고, 가격은 단기 조정을 거치겠지만, 장기적으로는 '좋은 입지·브랜드 아파트' 중심의 이중 구조가 더욱 고착화될 것으로 보인다.

문제는 이러한 과정이 청년층과 무주택층의 주거 사다리를 더욱 흔들 수 있다는 점이다. 투기 억제를 명분으로 한 정책이 자칫 '자산이 없는 세대의 진입 기회'를 봉쇄하고, 부동산 불평등을 고착화시키는 역효과를 낳을 수 있다. 결국 2026년 이후의 부동산 정책은 단순한 가격 안정이 아니라, '자산축적 중심의 주거 체제'를 어떻게 전환할 것인가라는 구조적 과제를 피할 수 없게 될 것이다.

## 오피스텔, 수도권 소형 우량자산으로…코리빙 시장과 경쟁 주목

2024년 말 오피스텔의 바닥난방·발코니 설치 금지 등 기존 규제 조항이 전면 폐지되면서 투자 환경이 한층 개선됐다. 2025년 상반기 들어 실거래 건수와 금액이 빠르게 회복, 전고점(2021년 3분기) 대비 약 65% 수준까지 반등했으며, 특히 수도권 소형 오피스텔의 임대수익률은 6%대로 견조한 흐름을 보였다.

정부가 비수도권 및 비아파트 시장 활성화를 위해 한시적으로 오피스텔을 주택 수 산정에서 제외(2024.1~2025.12, 전용 60㎡ 이하, 수도권 6억 원·비수도권 3억 원 이하)한 조치는 신규 공급 확대를 촉진했다. 이에 따라 2019년 이후 꾸준히 감소하던 신규 공급이 2025년에는 전년 대비 9.1% 증가한 약 3만7000호로 반등할 것으로 추산된다. 또한 비규제 지역의 전매 허용, 10·15 대책의 고강도 대출규제 비적용, 토지거래허가구역 제외 등의 정책적 여건이 맞물리면서 2026년에는 투자 심리의 본격 회복도 기대해 볼 만하다.

다만, 1인 가구를 주요 수요층으로 하는 코리빙(co-living) 시장과의 경합이 불가피하다. 최근 코리빙 사업자들은 입지가 우수한 기존 오피스텔을 저가에 매입해 리모델링 후 고급형으로 재구성하는 전략을 취하고 있다. 입지 경쟁력과 가격 경쟁력이 향후 오피스텔의 투자 가치를 결정짓는 핵심 요인이 될 것이다.

중대형 오피스텔은 아파트 대비 규제 부담이 낮아 대체 주거 수요의 흡수처로 부상할 가능성이 크

서울 남산에서 바라본 집합건물(아파트·다세대·연립·오피스텔) 모습. [사진 연합뉴스]

다. 소형 오피스텔은 전용 60㎡ 이하를 중심으로 신축 중심의 투자세 확산이 예상된다. 다만 지역별 시장 온도차가 크기 때문에 입지·수요·상품성의 정교한 구분과 장기 보유 전략이 필수적이다. 향후 투자자는 도심 접근성, 임대 수요 안정성, 리모델링 여력을 핵심 판단 기준으로 삼을 필요가 있다. 특히 코리빙형 리노베이션 시장의 성장세, 소형 주거 상품의 세분화 추세, 정책 변화 속 주택유형 간 규제 비대칭성을 면밀히 모니터링한다면, 오피스텔은 다시 한 번 수도권 핵심지의 '수익형 부동산' 대표주자로 자리매김할 가능성이 높다.

## 상가, 관리비·인건비 급등으로 수지 악화…구조적 공실 지속

인터넷과 모바일 기반의 이커머스 시장 규모가 꾸준히 확대되는 반면, 전통적인 오프라인 매장은 장기 침체 국면에 머물며 업종 간 양극화가 심화되고 있다. 백화점은 경기 둔화 속에서도 명품·프리미엄 소

서울 강남구 강남대로 일대에 임대 안내 현수막이 붙은 공실이 늘어서 있다. [사진 연합뉴스]

비와 체험형 매장 확대에 힘입어 회복세를 보이지만, 대형마트·슈퍼마켓·전문 소매점은 온라인 쇼핑몰과 무점포 유통에 밀려 회복의 모멘텀을 찾지 못하고 있다.

오프라인 상권 전반은 소비 패턴의 변화와 소매업 부진으로 인해 임대료 하락과 구조적 공실이 지속되고 있다. 이러한 추세는 2026년에도 이어질 가능성이 높다. 상가 공급은 2021년 약 1만 3000호로 정점을 찍은 뒤 부동산 경기 침체와 PF 부진의 여파로 복합상가·테마상가 등 대규모 신축 프로젝트가 급감하면서 수급 불균형은 완화되었으나, 구도심의 빈 점포는 노후화와 관리비·인건비 급등으로 장기 공실화되는 구조적 문제를 겪고 있다.

상가는 여전히 주거용 부동산 대비 높은 임대수익률과 안정적인 현금흐름을 기대할 수 있는 자산이지만, 최근에는 업종별로 임차인 리스크(임대료 미납·사업 실패), 비용 리스크(관리비·수선비·인건비 증가), 그리고 매도 리스크(유동성 저하)가 복합적으로 작용하며 수익성 개선이 쉽지 않다. 결국 어떤 업종이 들어오느냐가 상가 투자 성패를 좌우하는 시점에 들어선 것이다.

인구사회 구조의 변화에 따라 시니어 케어(약국·병의원·요양시설 등), 펫케어(애견용품점·동물병원 등), 셀프케어(헬스·뷰티·정서관리 등)와 같이 돌봄·웰빙 중심의 업종 수요는 꾸준히 확대되고 있다. 반면 저출산에 따른 영유아 관련 업종(산후조리원·육아용품·학원 등)은 위축세이며, 외식 물가 상승과 인건비 부담 증가로 음식점·카페·제과점 등은 수익률 개선이 쉽지 않다.

따라서 연령대별·소득계층별 소비 패턴을 세밀히 구분한 업종 선별 전략이 필수적이다. 입지 선정 시에는 ▲생활밀착형·근린형 상권을 중심으로 ▲공실 리스크를 최소화할 수 있는 안정 업종(의료·서비스·필수소비재 중심)에 초점을 맞추고 ▲건물의 관리 효율성과 운영비 구조를 함께 고려해야 한다. 향후 상가 투자는 단순한 임대수익형을 넘어 '서비스 인프라형'(real service infrastructure) 자산으로 전환하는 방향이 유망하다. 즉, 지역 커뮤니티와 돌봄·건강·반려·휴식·경험 소비를 결합한 복합 소형 상가 모델이 새로운 성장축이 될 가능성이 높다. **E**

# CHAPTER 5 투자 전략

# 재건축·재개발…속도·투명성 체감의 해

개정 도시정비법 본격 시행…목동·잠실·분당 먼저 움직여
대출 규제·공사비·분담금 등 삼중 리스크…선별과 민감도 관리가 핵심

**김선철**
명지대 부동산대학원 겸임교수
AMD한국부동산자산관리개발연구원 대표

2026년 재건축·재개발 시장은
정책적 수혜와 대출 규제라는 상반된 환경 속에서 작동할 것이다.
철저한 데이터 분석과 체계적인 리스크 관리만이
변화하는 시장 환경에서 살아남을 수 있는 유일한 전략이다.

1기 신도시로 조성된 경기 성남시 분당 [사진 성남시]

**2026년 정비시장은 개정법의 속도·투명성이 체감되는 첫 해다.** 다만 10·15 대출규제가 진입 문턱을 높여 권역 동시성·예측가능성·회전성의 우열을 명확히 가른다. 목동·잠실·분당이 먼저 반응하고, 현금여력과 민감도 관리가 승패를 가른다.

2026년 재건축·재개발 시장은 2025년 개정 도시정비법의 본격 시행으로 '속도'와 '투명성'이 체감되는 첫 해가 될 것이다. 그러나 고금리와 10·15 부동산대책으로 강화된 대출 규제가 시장 구조를 근본적으로 재편하고 있다. 성공적인 투자의 해답은 ▲권역 동시성 ▲인허가의 예측 가능성 ▲분담금·공사비 관리라는 세 가지 핵심 요소에 있으며, 이 기준에 따르면 목동·잠실·분당 권역이 가장 먼저 긍정적 반응을 보일 가능성이 높다.

개정된 도시정비법의 핵심은 사업 추진 속도 개선이다. 주요 개선사항으로는 ▲정비구역 지정 이전 추진위원회 조기 구성 ▲예비안전진단 폐지 및 본 안전진단 사업시행인가 신청 전 유예 ▲재건축 조합설립 동의율 75→70% 완화 ▲상가 등 복리시설 동별 동의율 과반→1/3 완화 ▲재개발 주민 동의율 50% 확보 시 정비구역 지정 선심의제 도입 ▲통합심의 및 처리기한 관리 등이 있다. 특히 민간 전자서명을 활용한 전자투표·전자동의서 시스템 도입으로 해외 거주자나 고령 조합원도 편리하게 의결권을 행사할 수 있게 되어 전체 사업기간이 최대 1~2년 단축이 가능할 것으로 예상된다.

건설공사비는 2021~2023년 두 자릿수 급등 이후 2024~2025년에는 한 자릿수 초반으로 상승세가 다소 둔화되었으나, 2026년에도 인건비와 자재비의 변동성은 여전히 지속될 전망이다. 각 사업의 특성에 따라 평당 공사비는 ±10~15% 범위에서 변동할 가능성이 있으므로, 이를 고려한 분담금 시뮬레이션이 반드시 필요하다.

2025년 기준 가계대출 평균 금리는 연 4~6% 수준을 유지하고 있으나, 정비사업 관련 이주비 및 사업비 대출은 가산금리로 인해 더 높은 금리가 적용되는 경우가 일반적이다. 이러한 고금리 환경에서는

서울 강남권의 대표 노후 단지이자 '재건축 최대어'로 꼽히는 은마아파트 모습. [사진 연합뉴스]

자금 조달 능력이 취약한 소규모 단지나 사업성이 낮은 구역의 경우 사업이 표류할 위험성이 크다.

## 10·15 부동산대책의 구조적 영향

이주비 대출은 규제 대상에서 제외돼 최대 6억 원까지 가능하다는 점은 다행이다. 그러나 총부채원리금상환비율(DSR)규제 강화로 이주비 조달 과정이 복잡해지고 금리가 상승하면서, 정상적인 경로가 차단될 경우 특수목적법인(SPC)나 사금융 등을 통한 우회 조달 비용이 증가할 수 있다.

규제지역 재건축 단지의 조합원 지위 양도가 제한되어 사업 초기 단계의 거래가 사실상 불가능해졌다. 토지거래허가구역 내 실거주 의무는 완공 후 즉시 매각하려는 단기 투자를 차단하며, 이는 정비사업 초기 단계의 갭투자를 원천 봉쇄하고 매매 시장을 경색시킨다.

10·15 대출 규제는 정비사업 시장에 예상치 못한 역설적 상황을 만들어내고 있다. 실거주 2년 의무화와 조합원 지위 양도 제한으로 거래가 위축되면서 사업 지연이 우려되지만, 실제로는 오히려 조합들의 유동성 제약으로 시공사 자금지원 의존도가 커지며 선정을 서두를 것으로 예상된다.

자금 조달이 절실한 조합들은 대출 규제로 인한 유동성 경색을 시공사의 자금 지원으로 해결하려는 경향을 보일 것이다. 이는 시공사 선정 시기를 앞당기는 요인으로 작용한다. 반면 시공사들은 10·15 규제 이후 사업 지연과 불확실성 증가로 선별적 수주 전략을 강화하고 있다.

이러한 수급 불균형은 필연적으로 공사비 상승 압력으로 이어진다. 시공사들은 리스크 프리미엄을 반영한 높은 공사비를 요구하는 구조가 형성될 것이다. 특히 이주비 대출이 완전히 막히지는 않았으나 DSR 규제 강화로 시공사의 자금 지원 부담이 커지고 있다. 이는 결국 공사비에 전가되어 조합원 분담금 증가로 귀결될 수밖에 없다.

2026년 재건축·재개발 투자는 세 가지 핵심 원칙을 기준으로 접근해야 한다. 첫째, 동시성(권역 단위 재평가)이다. 동일 생활권 내 다수 단지의 동시 재건축은 학군·상권·인프라를 일시에 재평가받게 한다. 둘째, 예측 가능성(인허가·공공기여 규정의 명확성)이다. 정비계획, 공공기여, 분가에 대한 가이드라인이 명확한 수치로 제시될수록 투자 리스크가 낮아진다. 셋째, 회전성(기간·비용 대비 수익률)이다. 사업 진행 기간, 분담금 및 공사비 리스크 대비 기대수익률이 실질적인 투자 효율을 결정한다

## 권역별 포인트…목동 신시가지·잠실송파·분당 중심 1기 신도시

동시성, 예측 가능성, 회전성이라는 세 가지 평가 기준에 따라 재건축 투자 우선순위는 목동 신시가지, 잠실·송파, 분당 중심 1기 신도시순으로 접근하는 것이 바람직하다.

목동의 가장 큰 강점은 14개 대단지가 동시에 재건축됨으로써 학군, 생활권, 상권이 권역 전체 단위로 재평가된다는 점이다. 또한 정비계획 수립과 추진위 확대 등의 행정 절차에 대한 예측 가능성이 높다.

투자 시 체크 포인트는 김포공항 고도제한 하 평면 설계와 용적률 최적화 ▲지하 공동구 처리 비용 및 일정과 관련 기관 협의서 확보 ▲공사비 변동 시나리오(±10~15% 가정)와 기부채납 방안별 분담금 민감도 시뮬레이션 등이다.

잠실·송파 축은 한강변에 위치하고 업무, 쇼핑, 체육공간의 결절점으로서 최상급 생활권을 자랑한다. 규제 정상화로 거래 탄력이 회복되고 있으며, 완공 후 자산가치의 희소성이 강력하다.

투자 시 체크 포인트는 ▲인허가 가시권 여부(정비계획·사업시행인가·관리처분 중 현 단계 및 다음 일정 문서 확인) ▲공공기여 및 임대 비율의 수치 확정 여부 ▲GMP와 물가연동 조항 검토 및 분담금 민감도 갱신 ▲조망, 조도, 풍환경 조건에 따른 동 배치 및 코어 위치 도면 확인 등이다.

1기 신도시(분당 중심)는 노후계획도시 특별법에 따른 용적률과 절차 특례로 중기적 모멘텀이 확실하다. 2026년 상반기 선도지구로 지정되는 단지가 용적률 특례의 최우선 수혜를 받게 된다. 분당은 1기 신도시 중 가장 빠른 정비구역 지정과 우수한 기반시설을 바탕으로 선도지구 지정에 유리하다.

특수 위험 요소는 대지지분과 공유지분 문제이다. 등기부등본에서 대지권 비율이 '지분'인지 '공유지분'인지 확인하고, 동일 평형임에도 동·호수마다 대지지분이 다른 단지는 관리처분 시 형평성 문제와 분쟁 리스크가 크다. 공유지분 단지는 권리 산정과 우선분양 과정에서 갈등 가능성이 높아 단독지분 단지를 우선 고려하는 것이 바람직하다.

강남·서초지역은 재건축 프리미엄이 이미 고가에 선반영되어 추가 초과수익 여지가 제한적이다. 압구정과 대치는 공공기여, 경관, 용적률 협상이 복잡해 기간 리스크가 크다. 강북 코어(성수·한남·용산)는 완공 후 위상이 현재 가격에 상당 부분 반영돼 있고, 한강경관, 높이 제한, 문화재 심의 등으로 승인 과정이 장기화될 우려가 있으며 동시성이 부족하다. 노원·도봉·강북지역은 진입 가격이 낮으나 사업성이 낮고 사업 기간이 장기화돼 회전성이 저하된다.

2026년 재건축·재개발 시장은 정책적 수혜와 대출 규제라는 상반된 환경 속에서 작동하게 될 것이다. 개정된 도시정비법을 통한 속도와 투명성 혁신은 사업 기간을 획기적으로 단축시키지만, 10·15 대출 규제는 특히 고가 단지의 진입 장벽을 크게 높인다. 철저한 데이터 분석과 체계적인 리스크 관리만이 변화하는 시장 환경에서 살아남을 수 있는 유일한 전략이다.

다음은 2026년 투자 성공을 위한 5대 원칙이다.

① 대출 규제 영향을 최소화하라. 15억 원 이하의 중가 단지를 중심으로 투자 포트폴리오를 구성하고, 자기자본 비율을 최소 50% 이상으로 유지하는 것이 바람직하다.

② 권역 동시성을 최우선하라. 개별 단지보다는 목동이나 분당과 같이 권역 전체가 동시에 움직이는 지역에 집중하는 것이 유리하다.

③ 숫자로 통제하라. 공공기여 비율, 예상 분양가, 공사비 변동, 예상 분담금, 대출 한도 등 모든 핵심 변수를 구체적인 수치로 확인하고, 최악의 시나리오를 시뮬레이션하여 리스크를 사전에 파악해야 한다.

④ 문서로 확인하라. 상가 동의율 완화 요건, 대지지분 현황, 공동구 관련 협의서, 인허가 일정 등 중요한 사항은 반드시 문서로 확보해야 한다.

⑤ 민감도로 검증하라. 공사비가 최대 15% 상승하거나, 분담금이 30% 이상 증가하거나, 대출 한도가 축소되는 등의 악조건 시나리오를 면밀히 분석하고, 최악의 상황에서도 감당 가능한지 철저히 검증해야 한다. **E**

# 2026 경제大전망

| | |
|---|---|
| 회장 | 곽재선 |
| 발행인 | 곽혜은 |
| 편집국장 | 권오용 |
| 지은이 | 이코노미스트 |
| 총괄진행 | 안민구 |

| | |
|---|---|
| 찍은날 | 2025년 11월 20일 |
| 발행일 | 2025년 11월 24일 |
| 편집 | 두애드 |
| 인쇄 | 엠아이컴 |

| | |
|---|---|
| 출판등록 | 2022년 11월 23일(제2022-000132호) |
| 주소 | 서울특별시 중구 통일로 92 KG타워 19층 |
| 문의전화 | 02)6906-2670 |
| 홈페이지 | www.economist.co.kr |

값 24,000원

ISBN 979-11-981033-7-6